카프카의 비밀

프란츠 카프카의 『죄, 고통, 희망 그리고 진실한 길에 관한 성찰』에 대한 해설

콘라트 디츠펠빙어 저

권진숙 · 한석종 역

경북대학교출판부

지은이

콘라트 디츠펠빙어(Konrad Dietzfelbinger)

콘라트 디츠펠빙어는 대학에서 독문학을 전공하였으며, 1980년 이후 뮌헨에 거주하면서 대학 강의와 저술활동을 병행하고 있다. 『카프카의 비밀』, 『쇼펜하우어의 유산』 외 다수의 저서를 출간하였다.

옮긴이

권진숙

옮긴이 권진숙은 이화여자대학교와 동 대학원 독어독문학과를 졸업한 후, 오스트리아 잘츠부르크 대학교에서 수학하였으며 한국외국어대학교에서 문학박사 학위를 취득하였다. 현재 대구가톨릭대학교 인문대학 독어독문학과 교수로 재직하고 있다. 주요 연구 업적으로는 「귄터 그라스의 소설 『넙치』(Der Butt)에 나타난 여성의 우월성」을 비롯한 다수의 논문과 『양철북 – 난쟁이 그리고 그 희화적 세계』 등의 저서가 있다.

한석종

옮긴이 한석종은 고려대학교 및 동 대학원을 졸업한 후, 독일 뮌헨 대학교와 오스트리아 잘츠부르크 대학교에서 독문학·사회학·철학 등을 공부하였으며, 1977년 잘츠부르크 대학교에서 문학박사 학위를 취득하였다. 이후 30년 가까이 경북대학교 인문대학 독어독문학과 교수로 재직한 후 현재 명예교수로 있으며, 한국카프카학회장·한국독일어문학회장 등을 역임하였다. 주요 연구 업적으로는 「프란츠 카프카에 있어서 환상적인 것, 그리고 환상적 리얼리즘」을 비롯한 30여 편의 논문과 『예술과 사회』, 『실종자』 등의 역서가 있다.

카프카의 비밀

찍 은 날 2007년 2월 21일
펴 낸 날 2007년 2월 23일

지 은 이 권진숙·한석종
펴 낸 이 노동일
펴 낸 곳 **경북대학교출판부**

등 록 일 1973년 10월 10일㉣ 97호
주 소 대구광역시 북구 산격동 1370번지
전 화 053-950-6741~3
팩 스 053-953-4692
이 메 일 press@knu.ac.kr
홈페이지 http://knupress.com

정가 11,000원

ISBN 978-89-7180-198-7 93850

목 차

본 아포리즘은 프란츠 카프카의 작품집 『유고(遺稿)에서 나온 '시골에서의 결혼식 준비' 외 기타 산문들 Hochzeitsvorbereitungen auf dem Lande und andere Prosa aus dem Nachlaß』(막스 브로트 편)에서 인용되었다.

이 작품집은 1935년 베를린 쇼켄 출판사에서 초판되었고, 1946년과 1963년 미국 뉴욕 쇼켄 북스 출판사에서 중판되었다. 여기에 수록된 아포리즘은 프랑크푸르트 피셔 출판사의 허가를 얻은 것이다.

본 아포리즘은 카프카가 직접 펜으로 메모지에 적고 번호를 매긴 것이다. "*"로 표시된 아포리즘은 카프카가 줄을 그어 지웠으나 메모지 묶음에서 제거하지 않고 남겨둔 것이다. 본 아포리즘의 번호는 카프카가 매긴 번호 그대로이다.

저자 추천사

위대한 문학 전통을 간직하고 있는 나라 한국이 열린 마음으로 외국 문학을 수용하고, 특히 독일 작가 프란츠 카프카에게도 관심을 가져 주어서 저로서는 기쁘기 한량없습니다. 저는 수십 년 간 한국과 독일의 문학 교류에 공헌하신 대구 국립경북대학교 한석종 교수님께 심심한 감사의 마음을 전합니다. 『죄, 고통, 희망 그리고 진실한 길에 관한 성찰』은 카프카의 잠언을 다룬 책으로서 작가의 인물과 작품에 새로운 빛을 비춰 줄 것이므로, 이 책의 번역과 출판은 매우 중요한 의미를 지닌다 하겠습니다. 이 책은 우울한 카프카를 보여 주는 것이 아니라, 허무한 세계 속에서 "불멸"을 예감하고 이를 평범한 오성과 의지로 파악하기 위해 가능한 모든 실험을 시도한 정신적, 예견적 카프카를 보여 줍니다. 카프카는 인간의 오성과 의지가 이런 일을 하기에는 제약이 너무 크다는 사실을 결국에는 인식하게 됩니다. 그러나 카프카가 이런 좌절을 체험하고 인정함으로써 "불멸"은 카프카 자신 속에서 작용할 수 있는 가능성을 얻게 됩니다.

저는 이 번역본이 한국에서 널리 읽혀지길 소원합니다.

2004년 5월 뮌헨에서

저자 콘라트 디츠펠빙어

서 문

카프카의 아포리즘 모음집 『죄, 고통, 희망 그리고 진실한 길에 관한 성찰』은 그의 생애와 작품의 비밀을 간직하고 있다. 아포리즘이 그 비밀을 공개하는 것은 아니다. 그러나 비밀이 있음을 알리고, 비밀이 어떻게 작용하는지를 말하고 있다. 이러한 비밀에서 출발할 때에만 카프카의 삶의 방식이 이해될 수 있고, 또한 그의 작품도 완전히 이해 가능한 것이 된다. 물론 카프카가 이 비밀을 스스로 풀었다고는 볼 수 없다. 그는 비밀이 있고 그것이 작용한다는 것만을 알았을 뿐이다. 이 아포리즘 모음집은 그가 이 비밀 주변을, 즉 자기 실존의 핵심 주변을 맴돌아 본 경험을 보고하는 일종의 보고서로서 대단히 좋은 본보기를 보여 준다.

삶은 여러 영역들에서 동시적으로 진행된다. 사건들은 교대로 여러 영역들에서 발생하여 전면에 대두되면서 주목을 받게 된다. 일상과 꿈, 소망과 신념, 분위기와 몸의 상태가 지속적으로 의식을 채워 나간다. 그렇지만 때로는 기이한 순간들이 나타나기도 한다. 놀라서 이렇게 말한다. 이게 무슨 일인가? 무슨 짓을 하고 있나? 살아 있고 또 이렇게 살다니 얼마나 기이한 일인가! 도대체 이 모든 것의 목적은 무엇인가? 이렇게 말하는 순간들에 현실의 또 다른 차원이 자신의 권리를 주장하게 된다. 그리고 그 차원은 끊임없이 흐르는 일상적인 사건을 막음으로써 스스로는 이 흐름에 속하지 않음을 증명해 보인다. 그러나 보통은 이

순간들을 등한시해 버린다. 이 순간들이 주는 작용은 의아하다는 표정으로 그냥 없었던 것으로 간주된다. 그러나 카프카는 이 순간들을 심각히 받아들였다. 그래서 이 순간들은 점점 지속적인 것이 되어 버렸고, 강력히 삶의 변화를 촉구하고 일상과 문학작품을 규정하는 것이 되어 버렸다.

카프카는 꾸준히 일기를 쓰면서 사건, 만남, 작가적 발상 그리고 현실의 또 다른 차원에 대한 경험들을 기록했다. 특히 1917년 10월부터 1918년 2월까지는 이러한 경험들이 집중되었던 시기이다. 카프카는 삶의 일반적 흐름에서 나온 여러 메모들과 더불어 이러한 경험들을 아포리즘의 형식을 빌려 8절 노트에 집필하였다. 카프카는 아포리즘을 또 다른 차원에 대한 옛 경험의 결산으로 여겼기 때문에, 그 중에서도 특히 중요한 것들을 선택하고 각기 개별 용지에 깨끗이 옮겨 적었으며 번호를 달아 순서를 정했다. 몇 개는 다시 연필로 그어 버렸으나 삭제하지는 않았다. 막스 브로트는 유고(遺稿) 전체의 편집자인데, 그의 추측에 따르면 그어 버린 아포리즘은 카프카가 다시 수정하기를 원했던 것이라고 한다. 그래서 그어 버린 아포리즘들도 같이 출간하여 별표 모양으로 표시하였다. 브로트는 109까지 번호가 매겨진 일련의 원고용지에 『죄, 고통, 희망 그리고 진실한 길에 관한 성찰』이라는 표제를 붙였다.

많은 사람들은 순간적으로 현실의 또 다른 차원과 부딪힌다. 그러나 카프카가 이 또 다른 차원에 대하여 취하는 태도는 비상하다. 비상하다는 말은 인류 역사에 전혀 알려진 바 없다는 뜻은 아니다. 오히려 비슷한 유형의 실례들이 눈에 띄어 돋보인다는 말이다. 그래서 비상하다는 의미는 대다수의 인간들이 그러한 경험들에 거부감을 보인다는 것이다. 카프카는 일상적 의식 속으로 파고드는 새로운 힘에 자신을 내맡기는데, 그 내맡기는 정도 또한 대단하여 그 힘이 완전히 새로운 전망, 즉 지금까지의 모든 신념과 사고방식과는 완전히 다른 새로운 가치 평가를 만들어 낸다. 이 또 다른 현실은 단순히 종래의 익숙한 현실과 더불어 지속될 수 없는 것이며, 기존의 삶을 그저 풍요롭게 하거나 고상하게 만들기 위한 것도 아니다. 그것은 반대로 모든 종래의 익숙한 삶의 토대로부터, 그리고 사회로부터 인정받았던 삶의 토대로부터, 그 토대가 철학적이든 종교적이든, 혹은 다른 어떤 세계관에 영향을 받았든, 완전히 단절하는 것을 의미하고 그 단절을 요구하는 것이다. 지금까지는 삶이 여러 가지 단기적 목표를 지향하며 자신의 보존, 승화, 풍요를 추구하였거나 혹은 당연한 전통과 규범에 그 근거를 두었지만, 이제는 삶이 갑자기 크고 강한 숨결에 부딪쳐 그 숨결을 지향하지 않을 수 없게 되는 것이다.

어느 방향에서 오는 숨결인가? 도대체 무엇인가? 카프카는 아포리즘에서 그 숨결을 인간내면의 "불멸"이라고 부른다. 이것은 파멸 가능한 것의 반대로부터 얻어진 특징이다. 왜냐하면 인간은 그 큰 숨결의 영향 아래에서 자신이 밤낮으로 삶을 채우는 모든 소망, 상상 그리고 에너지가 덧없고 파멸 가능한 것임을 인식하기 때문이다 - 아무리 훌륭한 원칙, 의도 그리고 이상이라도 마찬가지이다. 그것들은 불멸을 견뎌 내지 못하는 것들이다. 물론 더 이상 불멸에 관해 할 이야기도 없다. 불멸의 영향은 경험되지만, 불멸의 본질 그 자체는 경험되지 못한다. 그러나 불멸이 등장하여 사람들이 그 불멸을 회피하지 않는다면, 그 불멸은 모든 사소한 동기와 생각들의 결합으로부터 해방시켜 주고 삶의 새로운 질서를 예감토록 만든다. 물론 그 질서가 미리 인식될 수는 없지만 말이다.

불멸의 원천에 대하여 카프카는 추측을 내놓지 않는다. 즉 그는 자신의 현실을 경험하는 데 있어 불멸의 작용을 통하여 경험한다 - 불멸의 요구를 회피하지 않는 것이다.

본 아포리즘들은 바로 이 불멸의 경험을 기록한 것이다. 불멸의 작용은 모든 면에서 냉정하게 묘사되어 있다. 오직 불멸로부터 인간의 삶이 진정한 의미를 얻을 수 있을 것이라는 생각이 드러난다 - 물론 그 불멸이 우선은 비밀로 남지만 말이다. 카프카의 경험과 같은 유형의 경험은 우리가 가지는 현실에 대한 관념이 너무나 제한적이고, 그래서 우리의 삶이 일상의 궤도에 머무르는 것처럼 하나의 조각에 불과하다는 사실을 지적하고 있다.

불멸은 오로지 그 작용을 보고 인식할 수 있다. 불멸은 불멸에 관한 어떤 관념도, 불멸을 인식하려는 어떤 의도도 파괴해 버린다. 왜냐하면 관념과 의도에 매인 의식은 파멸 가능한 것이므로 불멸과는 서로 맞지 않기 때문이다. 이러한 사실이 바로 아포리즘의 중심테마이다. 이성이 끊임없이 불멸의 수수께끼 주위를 맴돌지만, 그것은 항상 실패하고 만다. 분석하는 개념적 이성에게 불멸은 비밀, 즉 강력하게 유혹하며 자신의 영역 속으로 끌어당기는 비밀로 남는다. 이 비밀은 요구하고, 환상을 파괴하며, 장악하기 불가능한 것으로서 그 작용이 지고의 기쁨뿐만 아니라 지고의 아픔도 불러일으킨다. 혹시 불멸이 인간을 충분히 변화시키고 나면 언젠가는 모습을 드러낼 것이다. 그러나 현 시점에서는 불멸이 그저 어둠침침한 공간으로 들어가는 입구만 있을 뿐이고, 그 앞에서 의식은 그저 당황할 수밖에 없는 것이다. 문이 열리고 그 안에 무엇이 있는지 알 수는 없으나, 그 안으로 몰아치는 엄청난 바람만이 예감과 요구로서 인간을 에워싸게 된다. 카프카는 그 경계 위에, 즉 문에 서 있는 인간이다. 그는 더 이상 종래의 익숙한 세계에 속하지 않는다. 그렇다고 비밀의 세계에 들어설 수 있는 능력이 있는 것도 아니다.

불멸은 산 자의 나라와 죽은 자의 나라를 분리하는 경계선을 초월한 것에 대한 비전, 현상 혹은 영감과 동일하지는 않다. 비록 그것들이 불멸의 세계로부터 비롯된 것 같은 모습을 나타내지만 말이다. 이 두 가지 경험의 차이는 그들의 상이한 작용에서 기인한다. 현상들은 황홀하게 하거나 겁을 내게 하고, 냉정함을 잃게 만들거나 자유를 잃게 만들며, 아첨하거나 압도하거나 간청하거나 위협하기도 한다. 현상들은 완전히 인간의 동기와 관념에 일치하며 모든 문제에 있어서 그것들을 따른다. 이 또한 현상들이 파멸 가능한 영역에 속함을 증명하는 것이다. 현상들은 인간의 상상력을 강화하여 불멸에 대한 감수성을 약화시킨다. 불멸은 조용히 작용한다. 극단적인 요구를 하지만 불시에 들이닥치는 일은 없다. 밝은 별처럼 멀리서 빛을 발한다. 인간이 그 도전에 응하든 아니하든 그냥 그에게 맡겨 버린다. 불멸은 상상될 수 없는 것으로 모든 정신적 점유를 거부한다. 물론 스스로 점유하지도 않는다. 불멸은 마음을 열어 보이는 인간을 변화시킨다. 그 변화의 방향은 요동치고 애매하며 기만적이고 불안정한 방향이 아니라 인간 운명의 방향, 불멸의 방향, 즉 밝고 확고하고 흔들림 없는 방향이다. 불멸은 한계가 없고 시간과 공간에 매여 있지 않으며 확고한 법칙이다. 불멸은 나설 필요도 없이 조용하고 스스로 안정되어 있다. 오직 피안의 현상들, 즉 기만이 "뿌리로 걸으며", 진리인 체하며 진리를 모방하지만 진리는 아니다.

지금까지 본 아포리즘에 대한 관심은 많지 않았다. 더군다나 본 아포리즘은 일반적으로 친숙한 카프카 이미지에 맞지 않다. 카프카가 쓴 『유형지에서』, 『선고』, 『아버지에게 보내는 편지』와 같은 작품에서는 진리의 인식가능성에 대한 절망, 현상의 미로에서 헤매는 경험, 인간의 구원가능성에 대한 절망 등이 최상의 강렬한 표현으로 농축되어 있다. 바로 그 카프카가 여기에서 "길", "태양보다 밝은 별", "일반적 인간애" 따위를 말하는 것이다. 같은 카프카라도 파멸되고 병든 인간의 전형, 외롭고 겁이 많은 인간의 전형인 것처럼 보이는 카프카, 그가 불멸을 이야기하는 것이다. 아니 불멸을 경험한 것처럼 말하고 있는 것이다. 그래서 아포리즘을 카프카에게 있어서 비전형적이고, 비본질적이며 일시적인 기분이라고 무시하며, 잘해야 그의 작품과 삶 전체에 있어서 중요하지 않은 섬광으로 간주하는 것이 이해된다. 그러나 오히려 그 반대가 맞을 것이다. 이 아포리즘에서 표현되는 것과 같이 의식을 완전히 바꿔 놓는 경험은 그냥 흔적 없이 사라지지는 않는다. 카프카의 정신적 자산 중에 생애와 작품은 이곳에, 그리고 이러한 경험은 비전형적인 이물(異物)로서 다른 곳에 있다고 할 수는 없다. 오히려 그 사이에는 필연적인 연관성이 있어야 한다. 즉 이 경험이 핵심을 나타내고, 이 핵심으로부터 비로소 카프카의 생애와 작품이 이해될 수 있는 것이다. 비밀에서부터 바라보면 현상계(現象界), 즉 인간의 일상적 세계는 완전히 덧없고 파멸 가능한 것으로 나타난다는 결론이 바로 이 비밀의 경험 속에 포함되어 있다. 동기와 관념들이 서로 상충하는 이 세상에는 확신도 진리도, 안정도 믿음도, 사랑도 보호도 없는 것이다. 게다가 악이 불멸의 가면을 쓰고 있기 때문에 기만과 고통의 지옥이 생기게 되고, 깨지고 일그러진 형상이 난무하며 기만과 폭력이 소용돌이치게 된다. 이 폭력 속에서 시민적 "선"에 대한 동기와 관념이 완전히 괴멸되어 버린다. 카프카의 작품들은 모두 현상, 동기, 관념의 신뢰성에 대한 시험이다. 그리고 그 시험은 불멸의 경험에 비추어 부정적인 결론을 내릴 수밖에 없다. 그러나 그의 작품들은 단순한 부정을 의미하지 않는다. 그의 작품들은 세상의 공포와 덧없음의 재현일 뿐 더 이상은 아니라는 식으로 볼 수는 없고, 오히려 부정 속에서 불멸, 즉 긍정적인 것으로부터 볼 수 있는 시각을 전달해 준다. 물론 불멸이나 긍정적인 것은 현상계의 외부에 놓인 것이기 때문에, 간접적으로만, 즉 작용으로서 묘사 될 수 있다. 그렇지 않았더라면 그것들은 벌써 잊혀지고 말았을 것이다. 그러나 아포리즘에는 개념적 상징과 기호를 통하여 그리고 결과로부터 원인을 귀납함으로써 보다 직접적으로 불멸의 세계를 제시하려 하고 있다. 이 제시는 현상계를 표현할 때 이루어지는 것보다 더 직접적이다.

예를 들자면 『성』에서는 계급의 신뢰성이 조사되고 있다. 그 계급은 파멸 가능한 세계에 속하지만, 구체적이든 암시적이든 간에 불멸의 진리, 즉 이상, 권력, 최상의 가치를 대표할 권리를 요구하고 있다. 『성』에서는 계급의 전형, 즉 일종의 재산, 가치를 관리하는 계급 그 자체가 소개된다. 구체적인 계급은 그 근거가 정치적이든 사회적이든 혹은 종교적이든 간에 모두 그 조사의 대상이다. 분석의 결과는 모든 계급이 자신의 권력을 목표로 하고 있으며, 명성에 에워싸여 있으며 불멸의 진리, 불멸의 가치를 지니려고 한다. 그러나 진리와 구원을 갈망하는 인간의 마음을 기만하며 항상 약속만 할 뿐, 그 약속을 이루기 위하여 진지하게 시도하지는 못한다. 왜냐하면 그렇게 하지 않고는 계급이 가지는 고유의 결점과 한계가 폭로되기 때문이다. 이것이 바로 전형적이고 어디에서나 볼 수 있는 기만하는 이와 기만당하는 이의 싸움이다. 그 싸움에서는 기만당하는 자가 기만의 희생양이 될 수밖에 없다. 그 이유는 기만당하는 자가 계급의 정당성에 대한 믿음, 즉 계급이 최상의 가치를 대표한다는 믿음을 저버리지 못하기 때문이다. 물론 그는 계급이 인정사정 없음을 알지만, 믿음을 저버리지는 못한다.

불멸의 작용은 다르다. 불멸은 속이지 않고 유혹하지도 않는다. 불멸은 결실이 없음을 속이려고 많은 제스처를 쓸 필요도 없다. 불멸은 스스로를 열어 보이는 자를 회피하지 않는다. 불멸은 묘사될 수도 없다. 그러나 인간이 불멸의 영향을 받으면 불멸과 파멸 가능한 것과의 관계에 대한 경험을 얻게 된다. 특히 다음의 아포리즘 세 편은 불멸이 존재 전체에게 어떠한 결론을 가져다주고, 삶이 비밀에 접한 후 어떠한 상호기능체계 속에서 전개되는지를 잘 보여 주고 있다.

"까마귀들이 단 한 마리의 까마귀가 하늘을 파괴할 수 있다고 주장한다. 그것은 의심의 여지가 없다. 그러나 하늘에 맞설 어떠한 증명도 되지는 못한다. 하늘이란 바로 까마귀들의 불가능성을 뜻하기 때문이다." 오해의 여지없는 명백한 표현으로 비밀의 영역과 현상, 동기, 관념의 일상적 세상과는 서로 하나가 될 수 없는 것임을 말하고 있다. 서로 하나가 될 수 없기 때문에 평범한 이성에게 불멸의 요구가 어디에서 비롯되고 불멸이 어떻게 작용하는지는 비밀이다. 까마귀는 현상계, 즉 덧없고 파멸 가능한 영역을 상징하지만 "하늘"은 불멸의 영역이다. 문제는 바로 이 두 개의 질서가 서로 완전히 다른, 아니 오히려 대립되고 상충되는 법을 따른다는 것이다. 덧없음의 질서 중 하나의 요소가 불멸의 질서로 돌진해 들어간다면, 그 요소는 불멸의 질서를 작용하지 못하게 만들 것이다. 마치 작은 돌멩이가 시계를 멈추게 만드는 것과 같다. 그러나 파멸 가능성의 질서로부터 비롯된 요소가 "하늘"에 도달할 수는 없는 것이다. 영원한 질서인 불멸에서는 까마귀와 같은 "파멸 가능한 것"의 존재란 불가능하다. 하늘에 도달하기를 원하는 까마귀는 스스로를 파멸시켜야 한다. 그 8절지 노트의 다른 곳에 다음과 같이 적혀 있다. "그러나 하늘 앞에서는 모든 게 파멸되기 때문에 추락해 버리는 진정한 암벽부스러기들이 있다." 까마귀의 세계와 비교하자면 하늘은 반대로 무(無)이다. 파악할 수도 느껴볼 수도 그리고 바라볼 수도 없는 것이다.

"그는 자신의 식탁에서 떨어진 찌꺼기를 먹는다. 그로 인해 비록 다른 모든 사람보다 조금 오랫동안 배가 부르지만, 식탁 위에서 먹는 것을 잊어버리게 되고 그로 인해 떨어질 찌꺼기도 없어지게 되는 것이다." 두 가지 질서가 서로 하나가 될 수 없음에도 불구하고, 인간은 두 가지 질서 모두에 참여하게 된다. 인간의 본질은 그 경계에 서 있는 것이므로, 그는 두 가지 질서를 함께 경험하게 된다. 이것이 바로 두 번째 상호작용의 좌표로서, 인간이 비밀에 접하게 될 때 제 모습을 드러내는 좌표이다. 인간은 두 가지 법칙의 관할구역에 있으며, 그 법칙들은 서로를 배제한다. 어떤 법칙을 따를 것이냐는 인간에게 달려 있다. 인간이 파멸 가능성의 법칙을 따른다면, 그는 결국 평범한 삶에 갇혀 살며 스스로 파멸 가능한 인간이 되어 버린다. 그러나 불멸이 자신의 내면에 작용하도록 둔다면, 파멸이 서서히 파멸하고 불멸이 제 권리를 찾는다. 인간의 본질 속에서, 즉 "자기 식탁"에서 불멸은 마치 무궁무진한 양식처럼 작용하게 된다. 인간이 그 양식을 직접 얻는다면, 즉 "식탁 위에서" 먹는다면, 그 인간을 먹여 살리는 것은 불멸이다. 그리고 인간은 불멸과 동일하게 된다. 인간이 "자기 식탁에서 떨어진 찌꺼기를" 먹는다면, 즉 불멸에 관한 자신의 관념과 하늘로 침입하겠다는 의도를 먹고 산다면, 인간이 혹은 인류가 벌써 한 번 행했던 경험을, 즉 기억과 관습처럼 무력하고 덧없는 양식을 먹고 사는 것이다. 그로 인해 인간은 스스로 덧없는 인간으로 남는 것이다. 인간의 존재상태는 어떤 질서로부터 양식을 찾느냐에 달렸다. 덧없는 양식을 얻기 위해 영원한 양식을 포기할 때 퇴화현상이 생긴다.

비밀의 입김이 인간을 스칠 때 인간이 어디로 향하느냐는 문제는 임의로 결정될 일이 아니다. 인간은 그 입김을 구속하는 요구로서 경험하게 된다. 물론 그 요구를 비껴갈 수도 있다. 새로이 현상계에 관여하면서 망각을 구하면 된다. 그러나 요구는 또 다시 나타나 인간에게 결론을 맺으라고 말한다. 요구의 구속력은 경험에서 비롯된다. 불멸에 인간의 존재의미, 즉 인간의 운명이 있음을 경험하는 데서 비롯된다. 이 운명의 빛에 비추어 볼 때 파멸 가능성 속에서의 삶은 허위, 기껏해야 일시적인 것으로 나타나게 된다. 그 삶 자체로는 어떤 권리도 없는 언젠가는 물러나야 하는 존재인 것이다. 비밀의 경험을 나타내는 세 번째 좌표는 통찰이다. 불멸의 경험과 더불어 목표가 주어지고 그 목표로 향하는 길이 이미 정해져 있음을 통찰하는 것이다.

"인식의 시작을 나타내는 최초의 징후는 죽고 싶다는 생각이다. 이 삶은 도저히 참을 수 없는 것이고 다른 삶은 도달할 수 없는 것처럼 보인다. 죽고 싶다는 생각이 더 이상 부끄럽지도 않다. 미운 옛 감방을 벗어나 새로이 미워하게 될 새 감방으로 보내지기를 청한다. 이때 믿음의 찌꺼기가 함께 작용한다. 이 믿음의 찌꺼기란 호송 도중에 우연히 주인이 복도를 지나다가 감금된 이를 보고 '이 자를 다시 가두지 마라. 그를 내게 보내라'고 말할 거라는 것이다."

길의 시작은 인식이다. 불멸은 자체의 합법칙성 안에서조차도 인식될 수 없지만 어슴푸레한 빛을 미리 던진다. 여기에서 인간은 경계에 있는 자기 자신을 그림자로서, 즉 근본적으로 빛과 단절된 것이므로 "죽을 가치"가 있는 것으로 보게 된다. 인간은 불멸에 속하기를 원하며, 불멸의 질서가 가진 법칙에 따라 행동하기를 원한다. 이러한 것이 가능해지려면 우선 관념과 동기에 묶인 의식이 죽어야 한다. "하늘"은 바로 "까마귀의 불가능성"을 의미한다.

8절지 노트의 다른 부분에서 카프카는 덧없는 의식의 죽음을 "자기소멸"이라고 부른다. 덧없는 세상과 덧없는 의식의 감옥으로부터 자진하여 물러서는 것이다. 왜냐하면 덧없는 관념과 동기에 얽매이는 것이 불멸에 있어서는 감옥으로 체험되기 때문이다. 이것은 덧없는 세상으로부터 도망치는 것과는 다르며, "자신을 묵살해 버리는 것"이 아니라 세상의 사슬인 모든 관념과 동기를 소멸해 버리는 것이다. 덧없는 의식이 스스로를 소멸해 버리면, 인간은 불멸의 법칙에 따라 살 수 있으며, "주인의 부름"을 감지할 수 있다. 그러나 감금된 이가 제 발로 "주인"을 찾지는 못한다. "주인"이 직접 그를 받아들여야 한다. 불멸은 인간의 모든 욕구와 의도에 영향을 받지 않고 작용한다. 인간의 활동은 "죽음"이 이루어지게 내버려두고 그 죽음에 아무런 저항도 하지 않도록 제한되어야 한다.

심리학을 전공한 이들은 벌써 참지 못하고 다음과 같이 이견을 제시할 것이다. 아포리즘은 일반적으로 평범한 인간에게 접근 불가능한 현실의 차원에서 나온 비상한 경험의 기록이 아니라 병든 영혼의 기록일 따름이라는 것이다. 카프카의 전기는 잘 알려져 있다. 그의 전기에 따르면, 그는 겁에 질려 지쳐 버린 인간이었다. 종종 그는 자신이 빛과 공기를, 즉 삶을 얻을 가치도 없다는 느낌 속에서 죄와 수치심으로 괴로워하는 인간이었다. 이러한 심리상태의 원인은 어린 시절 너무 강한 부친에 대한 경험과 그 당시의 사회상에서 찾을 수 있다. 사회적 구조와 분위기는 감수성이 강한 이에게는 참을 수 없는 것이었다. 자신의 무기력과 주변상황의 우세함이 불균형을 이루는 상태에서 카프카의 내면적 원동력과 생명력이 위축되어야 했다. 카프카는 이로 인해 생긴 반감과 공격성을 벌을 받을까 두려워서 자기 자신에게 돌려 버렸다. 즉 노이로제의 악순환이었다. 모든 아포리즘에서 "자기소멸", "죽기를 바라는 마음"이 이야기되고 있고, 그것이 우울증과 자학의 표현이라는 것도 쉽게 알 수 있다. 그 반면에 "불멸", "생명의 나무", "밝은 별" 그리고 기타 형상들은 단지 환상의 투영, 즉 "마지막 숨"을 갈망하는 "질식하는 이"의 염원이다.

비록 이 아포리즘들 속에 주변 세상에 의해 고통받고 상처받은 영혼의 경험이 기록되어 있다 하더라도, 불멸과 그 불멸의 결과를 경험함에 있어서 원체험(Urerfahrung)이 문제가 되지, 심리학적으로 도출될 수 있는 현상이 문제가 되지는 않는다는 사실과 이 아포리즘이 원체험의 표현이라는 사실이 편견 없는 관찰자에게는 너무나 자명하다. 그렇지 않다면 이 아포리즘이 냉정함과 정신적 명쾌함을 가질 수 있으며, 자기연민과 몽상으로부터 철저히 자유로울 수 있단 말인가? 병들고 노이로제에 걸린 영혼의 경험은 건강한 정신의 경험과 자주 뒤섞여 있다. 그러나 정신은 명쾌하게 인식하고 판단한다. 병은 안정된 이성의 틀을 흩트리지 않는다. 예를 들어 비밀이 작용한 결과로서 인간은 자신의 존재에 있어서 항상 "죄인"이라고 느낀다. 여기서 "죄"는 삶에 대한 욕구, 즉 비밀로부터 멀어지게 하는 관심사들을 관철시키려는 욕구에 있다. 덧없는 삶의 영역에서는 이러한 욕구가 너무나 자명하고도 "건강"하지만, 불멸의 빛에 비추어 보면 이 욕구는 한낱 비밀의 숨결에 대한 반항이고 진정한 삶의 흐름에 대한 반항이다. 여기서 물론 도덕적 죄가 문제되지는 않는다. 인간이 어떻게 삶을 원하는 자기 육체의 성질에 대해 도덕적인 책임을 질 수 있겠는가? 어떻게 살기를 원하는 것에 책임이 있겠는가? 문제가 되는 것은 삶에 대한 욕구가 있는 상태에서는 진실한 삶과 단절되어 있다는 인식이다.

물론 이러한 "죄 많은" 상태에 대한 인식이 사회적으로 생겨나고 노이로제에 걸린 도덕적 죄의식과 뒤섞여 있을 수도 있다. 물론 도덕적 죄의식은 벌에 대한 두려움과 연결된다. 그러나 비밀의 효력으로부터 발생한 "죄" 의식은 판결과 처벌에 대한 두려움을 모르게 된다. "죄" 의식은 일상적 존재의 나약함에 대한 명확한 깨달음이며, 인간이 자신의 목표를 일상적 존재에만 둘 때 자신의 운명을 그르친다는 것에 대한 깨달음이며, 인간이 불멸의 질서에 들어갈 수 있기 위해서는 삶에 대한 욕구의 소멸에 동의해야 한다는 것에 대한 깨달음이다.

이 아포리즘에 기록된 불멸에 대한 경험이 원체험이지 심리학적 과정에 의해 도출된 것이 아니라는 사실을 명백히 보여 주는 증거는 원체험이 노이로제 상태에 미치는 작용이다. 새로운 경험에서는 노이로제 상태가 그 자체로 그리고 그 원인과의 관계 속에서 인식되고, 노이로제 상황을 소멸시키는 힘이 인간에게 흘러들어간다. 왜냐하면 이 힘이 그 원인을 소멸시키기 때문이다. 불멸의 경험이 병적인 것에서 비롯된다면 어떻게 이런 일이 가능할 수 있겠는가? 불멸의 빛에 비추어 보면 덧없는 세상은 투쟁의 세계로 나타난다. 그 투쟁은 삶에 대한 욕구로부터, 인간 삶의 상이한 관심사로부터, 그들의 동기와 관념으로부터 생기는 것이다. 굴복과 억압, 방어와 공격, 승리와 공포, 무기력과 우세가 이러한 투쟁의 징후이고 결과이다. 그리고 투쟁에서 강함을 건강으로 규정하고 약함을 병으로 규정하는 것도 상대적일 뿐이다. 관심사를 대변하지 않는 불멸의 근원적 힘과 조화를 이루는 삶과 비교해 보면 관심사의 투쟁에 있어서 강함은 약함과 마찬가지로 병인 것이다. 노이로제에 걸린 이는 자신이 약해졌고 우세한 힘에 의해 굴복 당했다고 인식한다. 왜냐하면 그 자신도 강한 자와 동일한 테두리 안에서, 즉 이해관계를 다투는 테두리 안에서 활동하기 때문이다. 이제 노이로제에 걸린 이는 삶에 대한 욕구, 즉 동기와 관념을 희생시킬 때 노이로제가 다시 올 수도 있는 삶의 테두리를 벗어나게 된다는 사실을 알게 된다. 이제는 자신의 약점을 살피고 제거하여 강하고 생명력 있는 자아를 만드는 것도 더 이상 의미가 없다. 이 자아는 길건 짧건 언젠가는 다시 부서지게 되어 있다. 이제는 의식화를 통하여 그리고 관념과 동기의 세계에 속하는 이론과 방법론의 도움으로 자신의 갈등을 소멸시키려 하는 것도 더 이상 의미가 없다. 노이로제 환자는 옛 의식, 예전의 삶에 머무를 것이다.

한 아포리즘에 "심리학은 이제 그만!"이라고 쓰여 있다.

그러나 인간이 다시 한 번 근원적인 힘에 관여한다면, 즉 "식탁 위에서" 양식을 얻는다면, 그 삶은 새로운 질서를 따르는 것이다. 새로운 질서는 그가 관심사로 인해 투쟁하는 세상에 살면서도 그로 인해 몰락하지 않는 삶을 가능케 한다. 왜냐하면 그가 더 이상 이 세상에 연루되어 있지 않기 때문이다.

카프카는 외로운 자, 영혼이 병든 자, 공포에 질린 자에게 외로움, 절망, 공포로부터 자유로워질 수 있는 가능성을 보여 주는 전형이다. 아포리즘은 바로 이러한 유형의 인간이 자기 방식대로 불멸의 경험에 반응한 것을 보여 준다. 모든 유형의 인간들은 불멸에 마주쳐서 자기 나름대로 반응하게 된다. 그러나 이 경험으로부터 비롯되는 근본적 인식과 결단은 항상 동일하다. 상이한 것은 인식과 결단이 인간의 성질에 따라 띠게 되는 색채이다. "외롭게 절망하는 이"가 비밀을 만날 때 생기게 되는 특별한 색채가 카프카의 아포리즘에는 있다. 아마도 외롭게 절망하는 이가 불멸의 경험을 가질 수 있는 기회가 더 많을 것이다. 왜냐하면 삶을 위한 투쟁에서 강하고 성공적인 이는 자신의 승리에 너무나 몰두해 버리므로, 비밀이 은근한 자극을 통해 자신을 내보일 때 그것을 알아채지 못하고, 그 결과를 인지하는 것은 더더욱 어렵기 때문이다. 그러나 일상적 삶의 테두리로부터 벗어날 길을 찾지 못하는 너무나도 부서진 이는 처음에는 이상하고 혼란스럽게 느끼지만 결국에는 빛으로 향하게 된다. 물론 부서진 이가 자신의 패배와 상처에 지나치게 몰두하지 않는다는 것을 전제하면 말이다.

아포리즘 모음집 『성찰』은 비상한 경험과 그에 대한 반응의 기록이다. 정신적 실재의 모든 영역에 차례로 눈을 뜨게 만든다. 문제는 인식과 심리적 상태의 순간적 포착이고 투쟁의 여정이다. 차례대로 그 여정에 몰입하는 것은 이 투쟁을 공감하는 것인데, 이 투쟁은 기본경험의 더욱 심화된 차별화와 해명으로 이어지게 된다. 내용적으로 보았을 때, 불멸이 잠재하고 있으나 파멸 가능한 것이 우세한 존재인 인간의 묘사가 중심을 이루고 있다. 그러나 불멸은 잠재되어 있는 것에서 살아나고, 인간을 제 운명으로 인도할 수도 있다. 반면에 인간이 불멸을 피하여 다시 파멸 가능한 것으로 방향을 돌릴 경우에, 불멸은 퇴화된다. 즉 원죄와 후천적 죄는 항상 맴도는 테마이다. 결정적인 것은 인식, 즉 "자기소멸"의 길을 성취하는 것이다. 이를 통해 덧없는 것, 즉 관념과 동기가 환상으로 밝혀져서 소멸되어, 진리가 빛을 볼 수 있을 것이다. 불멸에서 비롯된 새로운 힘이 영혼으로 침투할 때, 모든 것이 움직인다. 생각, 느낌, 의욕 등 옛 힘은 새로운 자리와 새로운 목표를 찾아야 한다. 이 힘들의 활동은 결국 뭉쳐서 인식의 형성으로 이어지게 된다. 바로 이것이 아포리즘이다. 그런데 이 인식의 형성의 그릇이 되는 형상과 형태는 각양각색이다.

대개 일상의 세계에서 볼 수 있는 형상과 사건들이 중요하다. 말하자면 공무원의 사무실, 가을 길, 낡은 계단 등이 그것이다. 그러나 까마귀, 표범, 사냥개 등과 같은 동물들도 나타난다. 그 이외에 인간사회에서 생기는 관계들도 있는데, 그 중에 어른과 아이, 파발꾼과 왕의 차이가 중요하다. 사회적 행위인 허락, 위협, 정당화, 굴복 등도 중요하다. 이러한 형상과 사건에서는 일상적 현실의 요소들 간의 관계가 영혼의 상이한 힘과 상태들 사이의 관계 혹은 인간과 비밀사이의 관계를 암시한다. 한 아포리즘은 이렇게 말한다. "언어는 감각적 세계를 초월한 모든 것에 대하여 암시적으로 사용될 수는 있으나, 결코 그것에 근접하는 비유로서 사용될 수는 없다. 왜냐하면 언어는 감각적 세계에 상응하여 오직 소유와 소유관계만을 다루고 있기 때문이다." 이렇게 아포리즘의 형상은 감각적 세계, 즉 소유의 세계로부터 빌려 온 것이지만, 그 감각적 세계 위에는 정신적 세계가 반영되어 있다. 그러므로 정신적 세계의 내용, 힘, 관계들은 소유의 영역에 속하지 않기 때문에 감각적 세계와 비교되지는 않을지라도 감각적 세계의 모든 사물은 정신적 세계를 암시할 수 있다.

형상중심의 아포리즘은 두 유형으로, 즉 형상과 사건이 일상적 경험에 상응하는 유형과 일상적 경험을 거스르는 유형으로 나눌 수 있다. 첫 번째 유형에서는 형상을 통해 암시되는 정신적인 요소를 찾는다. 형상은 결국 정신적인 힘을 찾아 그 힘이 스스로 내면에서 생동하도록 요구한다. 이러한 정신적인 힘이 바로 아포리즘을 쓰도록 만든 동기이다. 정신적 힘을 찾고자 하는 태도는 두 번째 유형, 즉 모순적으로 표현된 아포리즘을 통해 더욱 확고하게 생기게 된다. 사물의 일상적 인과율을 뒤집는 아포리즘, 예를 들자면 "새장이 새를 찾으러 갔다"와 같은 아포리즘은 현실의 알려지지 않은 차원에서 나온 경험이 있을 경우에 옛 가치척도가 더 이상 유효하지 않다는 사실을 환기시킨다. 이러한 아포리즘은 인간이 자신의 일상적 사고체계로부터 일탈하여 불안정해지도록 만든다. 비밀을 가리는 장막이 걷히고 그 비밀을 향하여 스스로를 열어 보일 기회가 생기는 것이다. 그럼에도 불구하고 또 다시 자신을 이성적인 노력과 개념적 수단으로 하여금 붙잡게 만들어 힘의 자유로운 활동을 내면으로 유입시키지 못하는 이는 그 기회를 망치게 된다. 그는 오직 어리석게도 헛된 결실만을 쥐고, 결국은 경멸하며 등을 돌리게 된다.

형상중심의 아포리즘 외에도 철학적으로 해설하는 유형이 있다. 때로는 모순적으로 감추거나 때로는 직접적으로 밝히는 해설이다. 이 유형은 주로 "세 가지 사물이 있는데 … " 혹은 "두 가지 주된 죄악이 있는데 … "와 같은 형식을 취한다. 이러한 형식은 유대교적 전통, 탈무드, 하시디즘 신봉자의 이야기와 일화, 그리고 성서를 연상시킨다. 특히 선악, 원죄, 천국에 관한 생각은 구약성서와 연결된다. 그러나 그 형상들이 무조건 전통적 의미로 사용되었다고 결론지을 수는 없다. 카프카의 경험은 독자적이고 어떤 옷을 입었든 간에 카프카 자신이 새로이 생동감을 부여하는 것이다. 때로는 전통적 옷이 잘 맞고 때로는 약간 굴절되어 그 옷이 완전히 새로운 의미를 위한 형식이 되어 버린다. 또한 카프카가 전통적 요소를 사용했다 해서 그가 옛 경험만을 받아들이고 그것을 자신의 생각으로 개조했다고 결론지을 수는 없다. 아포리즘은 진짜의 특성, 즉 스스로가 투쟁한 흔적을 지니고 있다. 자신의 경험이 인류역사에서 볼 수 있는 다른 이들의 경험과 유사하다면, 그것은 모사의 증거가 아니라 오히려 비밀의 차원이 항상 존재하였고 또다시 인간의 의식에 돌출할 수 있다는 증거일 것이다.

항상 사람들이 의식해야 할 바는 아포리즘에서 무엇보다 인간 내면의 정신적·영적 힘들의 활동과 그 관계를, 즉 인간의 존재상태를 암시하는 것이 중요하다는 것이다. 힘과 존재상태는 정의되지 않고, 오로지 그 영향을 받으며 기술될 뿐이다. 그러므로 유일 불변한 힘이나 경험을 파악하기 위한 명확한 개념이 있으리라 기대해서도 안 될 것이다. 예를 들자면 불멸은 빛, 믿음, 생명, 주인, 새, 별이라는 새로운 이름들로 불릴 수도 있는 것이다. 그 이름들은 불멸의 작용을 부단히 특징지으려는 시도일 뿐이다.

본 해석도 이 원칙을 적용하여, 필요하고 바람직하다면 부단히 명료하게 만드는 수단으로서 새로운 상징을 사용할 것이다. 예를 들자면 비밀, 숨결, 정신 따위를 불멸의 상징으로 삼는다. 불멸을 얻기 위한 투쟁이란 때로는 길을, 때로는 죽음을, 때로는 생명을 의미한다. 그러나 어떤 개념체계도 발전시키지 않을 것이다. 어떤 개념체계에다 카프카의 경험들을 맞추려 하지 않을 것이다. 만약 맞춰 버린다면, 카프카의 의도와는 어긋나게 될 것이다. 오히려 신중하게 카프카의 경험이 비롯되는 정신적 전제조건을 밝혀나가야 한다. 경험의 과정을 결과가 있을 때까지 지속해야 한다. 경우에 따라 사용되는 형상과 그 형상이 상징하는 경험을 더욱 긴밀하게 결합시켜야 한다. 이 모든 것은 이해와 감정이입을 수월하게 만들어 주고, 카프카가 경험한 힘과 상황을 스스로 경험하도록 자극을 준다. 경우에 따라 각 아포리즘 사이에 외적 이율배반이 있다면, 그것은 서로 상이한 관점의 차이이다. 때로는 하나의 동일한 실상도 서로 상이한 관점에서 볼 수 있기 때문이다. 그럼에도 불구하고 아포리즘의 이해를 위한 열쇠가 없어지지만 않는다면 모든 아포리즘의 통일성은 이루어진다.

『성찰』에서 무엇보다 중요한 것은 극단적으로 서로 다른 두 가지의 현존 영역들 사이로부터 생겨나는 인간내면의 힘을 나타내는 것이다. 무엇보다 중요한 것은 바로 그 경계에 서 있는 인간의 힘이다. 다른 해결의 열쇠는 맞지 않고, 어쨌든 『성찰』 전체를 위한 열쇠는 아닐 것이다. 이런 관점에서 보면 몇몇 아포리즘에 있어서는 여기서 제시된 해석과는 다른 해석들이 더 적당할 수도 있을 것이다.

불멸의 차원에서 나온 신호가 모든 삶을 밝히며 들어올 때, 심각하게 받아들이는 것보다 더 큰 의미가 있는 것이 무엇이겠는가? 결정적인 것은 스스로 그리고 자기방식대로 경험하는 것이며, 힘의 자유로운 활동이 펼쳐지도록 두는 것이다. 그래서 그 힘의 자유로운 활동으로 하여금 생명이 점차 변화하도록 하고 비밀의 큰 도전에 대한 인식과 극복을 위한 투쟁으로 맞서도록 하는 것이다. 이러한 경험의 형태는 삶의 조건에 따라 서로 다르나, 본질적인 내용은 항상 동일하다. 왜냐하면 인간의 근본상황은 어디서나 동일하기 때문이다. 그러므로 다른 이들의 경험에 몰두해 보는 일은 자극적이고 고무적인 산파역이 될 수도 있고, 혹은 언젠가 경험한 바 있었던 것에 대한 입증이 될 수도 있다. 이러한 관점에서 볼 때 비로소 카프카의 경험에 동참해 보는 것은 유익한 일이 된다. 이 아포리즘은 비밀의 차원에 마음을 열어 보일 준비가 된 자들에게 도움을 준다. 지성적 활동이나 철학적 소유욕에 대항하여 이 아포리즘은 돋친 가시가 되든지 아니면 하찮은 것으로 소멸해 버릴 것이다. 비밀의 개념적 분석이나 해독으로 이어지는 것은 이 아포리즘의 길이 아니다. 비밀이 작용하여 파멸 가능한 것을 파괴하고 모습을 드러낼 수 있도록 아포리즘은 장막을 걸어 준다.

진실한 길은 높게 매어져 있지 않고 땅바닥 바로 위에 팽팽하게 매어져 있는 밧줄 위로 나 있다. 그 밧줄은 지나다닐 수 있다기보다는 오히려 걸려 넘어지도록 만드는 것 같다.

길이 중요하고 진기한 것을 인간들 눈에 비추어 보이고 높은 곳에서 감탄하는 인간들 눈앞에 펼쳐진다면, 새롭고 신비스러운 현실이 탄력적으로 지탱해 주는 토대로서 그것을 찾으러 나온 인간의 발에 짝 달라붙는다면, 인간이 매순간 매사에 이것은 도전이요 시험이니 여기서 나는 뭔가 해 보여야 한다고 의식한다면, 한 번의 추락과 좌절이 인간에게 영웅적 순교자의 명성을 가져온다는 마음으로 그 부름을 회피하지 못하고 불리한 상황과 세속의 중력에 부딪쳐 부서진다면, 그 길은 오히려 유혹의 길일 것이다.

많은 사람들은 이와 같이 생각하며 자신의 길을 나아가며, 새로운 현실로 가는 도중에 모든 것이 자신이 예기한 대로 진행되리라 믿는다.

하지만 새로운 현실은 다르다. 새로운 현실은 가는 곳마다 인간의 계획과 예상을 빗나가고, 인간을 넘어지게 만든다. 일상적 삶, 즉 땅바닥을 딛고 다니는 것이 갑자기 문제가 되고, 인간은 충격을 받아 일상은 전부가 아니며 아주 중요한 것조차 아니라는 사실을, 비밀의 세계는 자신의 세계가 헤아릴 수 없다는 사실을 인식하게 된다. 비밀의 세계는 공식과 계산으로 명백해지는 것이 아니지만 인간이 그런 식으로 붙잡으려고 노력하는 것이다. 새로운 질서는 기존의 질서를 깨뜨리지만, 아직 질서로서 인식될 수는 없다. 실망은 이 새로운 질서의 출현, 즉 일상적 신념이 착각이었다는 경험에 대한 표현이다.

결코 인간은 길의 목표를 명확하게 파악할 수 없다. 왜냐하면 그 목표는 인간 의식이 이해할 수 있는 것이 아니기 때문이다. 항상 인간의 의식은 예견하지 못한 것에 대하여 놀란다. 시련은 사소한 일이고 일상적인 상황이므로, 인간은 그것을 너무나 범속한 것으로 여겨 버린다. 이때 인간은 그것이 도전일 수도 있다는 의식을 전혀 가지지 못한다. 인간이 자랑스러워하며 기꺼이 투입하는 자신의 능력은 자신에게 아무런 도움이 되지 못한다. 인간은 자신의 능력을 통해 발전하지 못한다. 새로운 현실은 모든 고조된 기대를 거스르면서 자신의 모습을 드러낸다. 그러므로 넘어질 줄 아는 사람이 행복하다. (많은 사람들은 본능적으로 민첩하게 밧줄을 피한다.) 그가 넘어진다는 것은 다른 현실에 주의를 기울일 계기를 실제로 갖게 되는 것이기 때문이다.

2

모든 인간적 오류는 조급해 한다는 것, 방법적인 모색을 미리 서둘러 중단해 버린다는 것, 그럴듯해 보이는 대상에 그럴듯하게 방어망을 친다는 것이다.

넘어진 이가 힘과 인내를 가지고 자신의 일상적 삶에서 경험한 단절을 완전히 체험하고, 지속적으로 그 단절의 영향력이 작용하게끔 한다면 어떠할까! 그가 다음 번에 넘어질 때는 더 기꺼이 그 단절을 감수할 수 있다면 어떠할까! 그리하여 언젠가는 넘어지는 원인을, 즉 순종해야 할 질서를 인식하고 그 질서 속에서 살 수 있다면 어떠할까! 이것이야말로 방법론적 대처가 될 것이다. 다시 말하자면 일시적으로 파악되지 않는 방법에 대해 참을성 있게 동의하는 것이다. 그 방법에 의해 신비스러운 새로운 질서가 직접 적용되고, 그 질서를 통해 그 방법은 점점 삶 속에 자리 잡을 수도 있을 것이다.

그와는 달리 처음 넘어질 때는 이성과 욕망이 새로 받은 인상들을 거침없이 자기 휘하에 두려한다. 인간은 하나의 섬광처럼 자신의 삶을 한동안 밝혀 주는 질서를 개념적으로 파악한다. 인간은 이 질서에 관한 하나의 관념, 자신의 이상, "그럴듯해 보이는 대상"을 만들어 내고, 즉시 모든 능력을 총동원하여 그 이념을 실현시키려 한다. 인간은 거대한 대담성에 놀라 꽁무니를 빼지 않고 즉시 공중에 높이 밧줄을 매어 그 위로 균형을 잡아 나아간다. 왜냐하면 인간이 마음에 와 닿는 그 무언가에 크나큰 모험 가치가 있음을 알아챘기 때문이다. 그러나 인간이 모험하려 하지 않는 유일한 것은 - 물론 이것만이 비밀에 효력을 부여할는지 모르나 - 자신의 자존심이며 자신의 힘에 대한 절대적 신뢰이다. 인간은 조바심을 내어, 자신의 활동을 체념할 만한 능력이 결여되어 있다. 즉 자신의 활동은 당장 파악될 수 없는 질서가 단계적으로 실현되도록 지적으로 도움을 주지 않고, 시간과 공간 속에서 이상에 "방어망을 치려" 한다.

세상을 가득 채운 온갖 이념들, 생명력 없는 교의들, 신앙의 경직된 형태들, 구원과 의식확장의 기술들은 비밀의 섬광에 대한 성급한 반응들이다. 이로 인해 비밀의 작용이 변조되고 방해받고 전도되어 버리는 것이다.

3

다른 모든 죄악을 만드는 인간의 두 가지 주된 죄악이 있다. 그것은

> 조급함과 태만이다. 조급하기 때문에 인간은 낙원에서 추방되었고 태만하기 때문에 되돌아가지 못한다. 그러나 어쩌면 주된 죄악이 하나일지도 모른다. 그것은 조급함이다. 조급하기 때문에 인간은 추방되었고 조급하기 때문에 되돌아가지 못한다.

인간의 현세적 삶의 조건하에서 조급함은 어떤 빛이 돌출하더라도 즉각 그 빛을 지배하여 시간과 공간의 경직된 피조물로 만든다. 이처럼 조급함은 바로 영원의 질서와 조화를 이루는 인간의 삶을 퇴색시키고 삶의 현세적 조건을 변조한다. 예전에는 인간이 영원의 질서를 수행하는 낙원에 있었다. 비밀은 공공연하고도 너무나 당연한 것이었다. 인간이 조급하게 이러한 질서를 실현하려 들고 질서의 실현에 참을성 있게 협력하지 못하여 시간과 공간을 만들어 그 제약에 빠져들었다. 인간은 자신에게 있어서 신비로움이었던 영원에 대한 의식을 상실했다.

이러한 오류는 일회적 사건이 아니다. 인간은 시간과 공간성에 묶여 있는 제한된 자신의 의식에 따라 행동함으로써 매순간 이러한 오류를 범하게 된다. 매순간 인간은 이렇게 낙원에서 쫓겨나고 있다. 물론 이론상으로 인간이 조급함을 버리고 영원의 질서가 스스로 실현되게 내버려 둔다면 매순간 다시 돌아갈 수 있다.

그러나 인간은 지금까지 시간에 맞추어 살았고, 많은 그럴듯해 보이는 대상에 그럴듯하게 방어망을 쳐 버렸다. 그리고 이 그럴듯해 보이는 대상은 자신의 육체, 자신의 동기 및 생각뿐만 아니라, 남의 육체, 남의 동기 및 남의 생각, 즉 모든 덧없는 세상으로서 이제 인간을 둘러싸고 있다. 방어망이 쳐진 이 모든 대상은 타성과 중력을 소유하고 있고, 인간은 이 대상에 몰두하게 된다. 바로 이것이 태만이라는 인간의 주된 죄악이다. 인간은 습관과 감각적 세계의 법칙 속에서 되는 대로 쉽게 살아가며 더 이상 낙원으로 귀환하리라는 생각은 전혀 하지 못한다. 비밀이 인간의 궤도를 수시로 방해하고 그를 넘어지게 하지 않는다면 인간은 완전히 덧없는 세상의 허무에 빠지고 말 것이다.

그러나 어쩌면 이러한 태만이 결정적인 잘못이 아닐 수도 있다. 태만은 미지의 질서가 작용함으로써 빈번히 놀라움을 겪는다. 그러나 조급하면 인간은 자신의 능력에 대한 자부심이 동하게 되고, 비밀이 요구하는 바에 대해 눈이 멀게 되어 비밀을 더욱 퇴색시킨다. 그로 인해 인간은 방어망 치기라는 감옥을 자기 주변에 끊임없이 만들게 된다. 이 또한 비밀이 작용할 가능성을 더욱 제한시키고 돌아갈 가능성을 줄이는 것이다.

4

많은 죽은 이들의 망령은 죽음의 강줄기를 핥는 데 정신이 없다. 그 강이 우리 쪽에서 흘러나와 아직 우리 바다의 짠맛을 간직하고 있기 때문이다. 역겨워서 강물은 솟구쳐 거꾸로 흐르고 죽은 이들을 이승으로 떠올려 보낸다. 그러나 그들은 행복하여 감사의 노래를 부르며 격분한 자를 쓰다듬는다.

대개 인간들은 자신의 감옥을 사랑한다. 그들은 자신의 방어망에 매달려 있지만 이상하게도 그 방어망을 고통으로 여기지 않는다. 이렇게 그들은 방어망을 부수려는 경향에 저항하게 되는데, 이는 그들이 근원적 질서와 화합하고 있지 않기 때문이다. 천국이 아닌 이 세상의 사건들이 흐르는 자연스런 강은 소멸이다. 살아 있는 것이라면 이 소멸을 따라야 한다. 왜냐하면 물질 속의 삶은 결정체가 된 것이며, 조급함에서 비롯되었고, 근원적 질서, 즉 영생의 흐름에 대한 거스름이기 때문이다. 근원에 따라 살지 않는 것, 즉 너무나 분명하고 너무나 견고하고 너무나 강한 모든 것은 영원을 향한 거스름이고 결국 오래 지속될 수 없다. 죽음의 강이란 다름이 아니라 형성된 삶이 소금 결정체, 즉 근원의 원소로 용해되는 소멸과정이다. 비밀을 접한 인간이 육체적인 것의 소멸과정에 대해 분별력 있게 보이는 반응은 참을성 있는 동의일 것이다. 이를 통해서만이 조급함의 결과, 즉 그럴듯해 보이는 대상에 그럴듯하게 방어망을 쳐 버린 것을 되돌려 놓을 수 있기 때문이다. 감금의 고통과 우려되는 감금소멸의 고통으로부터 도주하려는 태도는 소멸의 필연성을 느끼고 소멸을 참을성 있게 받아들이는 것을 인식하는 태도로 바뀔 것이다. 그래서 인간은 또 다시 근원적 질서인 낙원에 들어갈 수 있을 것이다.

그렇지만 대부분의 인간들이 이러한 소멸과정에 동의하는 것은 아니다. 사는 동안 삶에 매달리고 영원의 흐름에 거스르면서 집착한다. 그리고 죽어서도 마찬가지이다. 육체를 가지고 그러했듯이 육체 없이도 그와 마찬가지이다. 그래서 대부분의 인간들은 죽음 후에도 또 물질적인 삶을 동경한다. 죽어서도 그 물질을 먹고 살려고, 인간들은 죽음의 강이 산 자들의 바다로부터 가져다주는 소금을 핥고 있는 것이다. 그들은 물질에 대한 집착이 소멸하는 과정에 대항한다. 위장에 좋지 않는 음식을 위장이 받아들이면, 역겨워서 발버둥치며 먹은 것을 다시 뱉어낸다. 소멸의 강물 또한 마찬가지다. 흐름을 거스르는 장애물에 부딪힐 때, 강물은 구역질을 하며 뒤로 솟았다가 그 장애물을 반대 방향으로 휩쓸고 간다. 메스꺼운 하찮은 장애물들은 사실 우리 인간들이다. 우리는 저급한 삶의 형식을 사랑하며 이승과 저승에서 우리의 허무한 현상의 소멸에 대항하게 되는데, 이로 인해 우리는 영원으로 들어가는 길을 놓쳐 버린다.

죽은 이들은 그들의 궁극적인 소멸에 저항하지만, 그 저항으로부터 다시 고착이 이루어진다. 죽음의 강은 격분하여 인간들을 산 자의 나라로 되돌려 보낸다. 그들은 다시 물질로 된 육체를 받아들인다. 그래서 결과적으로 고착과 소멸은 어떤 에너지가 우세하냐에 따라 끊임없이 교체된다. 그러나 인간들은 다시 삶에 감사하면서 즐길 줄 아는 육체를 걸치고 행복을 찬양한다. 그들은 덧없는 세상에 대한 자신의 집착을 만족시키고, 이 삶이 영원과 조화를 이루지 못함을 스스로 허울 좋게 말하며 소멸을 늦추려는 희망 속에서 소멸의 강물을 달래며 "쓰다듬는다." 그러나 그들이 원하든 원하지 않든 간에 소멸은 이루어진다.

5

어느 한 점에서는 더 이상 귀환은 없다. 이 점에 도달할 수 있다.

그러나 소멸과정에 동의하는 정도가 극에 달하여 언젠가 한 번 그 소멸에 대한 저항이 더 이상 없다면 어떠할까! 고착과 조급함의 삶이 그리고 소금에 대한 동경이 더 이상 없다면 어떠할까! 그렇다면 그 점에 도달한 것이다. 어떠한 새로운 고착도 더 이상 이루어지지 않고 인간이 더 이상 물질적인 삶 속으로 되돌아 흘러 들어가지 않는다면, 그 점에 도달한 것이다. 비밀의 접촉에 마음이 완전히 사로잡힐 때, 이 정도의 동의는 달성된 것이다.

"이 점에 도달할 수 있다"는 말은 이 점에 도달하는 것이 가능하다는 말이며, 또한 이 점에 도달할 필요가 있다는 말이기도 하다. 그것이 가능한 이유는 비밀이 항상 기다리고 있고, 조급함과 태만이 자신에 의해 유발된 고통스런 경험을 통해 종국을 맞이할 수 있기 때문이다. 그 다음에는 평온하고, 주의력 깊고, 자각하고,

열린 마음이 생긴다. 비밀이 영향력을 발휘하고 스스로를 드러낼 수 있다. 그 점에 도달해야 할 이유는 만약 그렇지 않으면 인간은 영원토록 무의미하게 고착과 소멸 사이에서 이리저리 방황하게 되기 때문이다.

6

인간 발전의 결정적 순간은 영속적이다. 그래서 이전의 모든 것을 무효라고 선언하는 혁명적 사상운동들은 정당하다. 왜냐하면 아직 아무 일도 일어나지 않았기 때문이다.

"인간 발전의 결정적 순간"이란 무엇일까? 인식되지 않아 끊임없이 거부당하는 근원적 질서의 비밀이 요구하는 것에 대한 인간의 긍정적인 대답은 어디에 있는가? 그것은 이 질서의 작용을 승인하는 데에 있다. 그것은 조급함을 통하여, 즉 계산, 관념, 폭력, 노력을 통하여 만들어지고, 불안과 생존본능에 의해 탄생한 모든 질서를 포기하는 데에 있다. 이 대답이 어떻게 구해질 수 있을까? 비밀이 인지될 수 있는 인간의 완전한 평온함과 열린 마음을 통하여 구해질 수 있을 것이다.

인류의 역사는 건설과 파괴이며, 조급한 마음에서 만들어진 질서에 대한 방어와 공격이며, 파도에 파도가 치는 연속이고 윤회의 한 언저리에서 지속되는 질주이다. 중심으로부터, 또 다른 차원으로부터 작용하는 비밀에 대한 대답이 인류의 역사인 윤회의 어떤 점에서라도 주어질 수 있을 것이다. 그 어떤 점에서는 결단을 내릴 수 있을 것이다. 윤회의 언저리에 있는 모든 점에서 인류는 진보를 위한 질주를 멈출 수 있고, 중심부의 당김을 느낄 수 있을 것이다. 중심은 더 이상 돌아갈 수 없는 점이다. 왜냐하면 그 점에서부터 인간은 주위의 모든 점을 동시에 개관할 수 있고 체험할 수 있고, 내용과 더불어 윤회 전체는 삶의 내용이기 때문이다.

그러나 결정적인 대답이 이루어지지 않는다면 윤회의 언저리에서 질주하는 것 이외에는 아무것도 없을 것이다. 그 때문에 사상적 혁명운동은 정당성을 띠는 것이다. 그 운동들은 결정적인 대답이 여전히 이루어지지 않았음을 느끼고 있다. 물론 그 운동 스스로도 곧바로 잘못을 드러내게 된다. 고의적으로 애를 써서 새로운 정신적·사회적 질서를 윤회의 언저리에 세우려 한다면, 조급하게 근원의 질서를 동기와 관념의 왕국에서 확립하려 한다면 스스로 잘못을 드러내게 된다. 인류가 조급한 상태에 고착하는 동안에 인간의 발전은 지속적으로 윤회의 언저리에서 활동한다. 그 반면에 중심은 인류가 언저리의 그 어떤 점에서든지 자기 쪽으로 오기를 기다린다. 여기에 바로 발전의 결정적인 진일보가 있다. 비로소 이것은 발전이라 불릴 수 있을 것이다. 다시 말하면, 이것은 인간에게 아직 비밀로 남아 있는 근원적 인간본질의 계시이자 계발이다. 그 반면에 언저리에서 질주하는 것은 서둘러 휩쓸리고 또 휩쓸려 버리는 연루의 연속인 것이다.

7

악이 가진 가장 효과적인 유혹의 수단은 투쟁하도록 촉구하는 것이다.

악은 비밀이 효력을 발휘할 수 있는 전제조건인 깨어 있는 평온함을 빼앗는 모든 것, 더 간단히 말하자면 비밀의 작용을 방해하는 모든 것이다. 왜냐하면 깨어 있는 평온함은 비밀의 부름에 주의를 기울이는 것으로, 그 부름에 대한 반응이자 비밀의 작용에 대한 반응이기 때문이다. 그러나 무엇이 깨어 있는 평온함과 내적 균형을 깨트리는가? 자기 의지의 모든 임의적인 행동, 모든 임의적인 상상, 모든 임의적인 소원이 그것이다. 모든 자의적 행동, 모든 상상 그리고 모든 소원들은 구름처럼 밝은 경관을 흐린다. 그 모든 것들은 마치 경련이 일 듯이 스스로 감지하는 기관을 수축시켜 감지하지 못하게 만든다. 그와 같은 영향이 비밀로 향하는 자에게 다가와 근원의 영향을 앗아간다면, 당사자는 보통 생각하기를 '여기 나쁜 작용이 내게 미치는구나. 악에 맞서 싸워 악을 추방하는 것은 선하고 필연적이다'라고 생각할 것이다. 이렇게 하는 것은 영웅적이고 용감하며 선을 촉진하게 된다. 그러나 바로 이러한 생각이 악의 유혹수단이다. 이런 생각은 계산하고 계획하며 투쟁에 익숙한 인간의 사고방식에서 나온 것이고, 악에 대한 관심이자 악에 연루된 것이며 동시에 근원에 등을 돌린 것이다. 바로 근원에 등을 돌리는 데에 악이 있다.

바로 여기에서 악을 완전히 극복할 수 있는 가능성도 볼 수 있다. 인간은 지속적으로 비밀로 향한다. 악에 대한 공포나 비밀과의 관계를 상실한다는 것에 대한 두려움에서가 아니라 깨어 있는 사려 깊은 마음에서 비밀로 향한다면, 악이, 다시 말해 비밀에 등을 돌리는 것이 모든 유혹의 수단과 더불어 물러날 것이다. 비밀로 향함 그 자체가 이미 근원의 작용이며, 만들어 낼 수도 의도될 수도 없이 오로지 커 나갈 수 있는 것이다.

악이 자의대로 하도록 놓아두어야 하는가? 인간이 자신을 악에 맡기고 화를 입을 수 있는 모험을 해야 하는가? 한 인간이 비밀의 작용을 통해 다시 근원적 질서의 흐름에 몸을 맡긴다면 악, 기만, 자의 그리고 조급함에서 완전히 벗어날 것이다. 악은 더 이상 그 어떤 것도 이루어 내지 못할 것이다. 이것은 악을 급격하게 약화시키는 것이다. 유혹할 잠재력을 가진 자가 사라지고, 악이 먹고사는 힘의 원천이 고갈되는 것이다. 그러면 다른 이들도 뒤를 따를 것이다.

8

그것은 마치 침대에서 끝나는 여자와의 싸움과 같다.

다시 한 번 물어보자. 어떻게 악을 극복할 수 있는가?

영원의 부름에 접하여 불멸의 질서를 지향하고 그 질서에서 삶의 목적을 찾고자하는 자에게 이 지향을 방해하고 존재의무를 철저히 주목표에 종속시키지 못하도록 방해하는 모든 영향력은 악한 것이다. 이러한 영향력을 바로 극복할 수는 없고 스스로 빛의 세력에 몸을 맡길 때 비로소 피해갈 수 있음을 알고 있다. 빛이 있는 곳에 어두움은 없다. 그러나 방해하는 영향력에 맞서 싸운다면 그와 똑같이 자신도 어두움이 되고 이러한 영향력과 결합하여 마침내 그에 귀속되고 만다. 싸움을 받아들인다는 것 자체가 벌써 남몰래 악의 유혹을 감지하여 악이 압도하지나 않을까 두려워하여 위험에 저항하는 것이 아닐까? 그가 투쟁하면 할수록 숨어 있던 유혹은 더 강해지고, 멀리 있는 유혹과의 싸움은 결국 가슴과 가슴을 맞대고 서로 휘감기는 싸움이 된다.

악을 몰래 수행하는 유혹도 없애야 할 것이다. 무엇보다 그 유혹의 실마리를 없애 버려야 할 것이다. 이 실마리, 즉 조급함과 태만의 전반적 흐름 속을 헤쳐 나가리라는 각오를 어떻게 없앨 것인가? 조급함이나 활동을 통해서 없앨 수는 없다. 근원적인 질서 그 자체의 힘만이 할 수 있는 것이다. 그 힘의 작용

또한 계산이 불가능하고 인위적 개입이 불가능한, 그 자체의 신비스러운 방법에 따른다.

9

A는 매우 교만하여, 선에 있어서 훨씬 앞서 있다고 믿고 있다. 왜냐하면 유혹하는 사람임에 틀림없는 그가 지금까지 전혀 알지 못하던 방향으로부터 점점 많은 유혹을 받고 있다고 느끼기 때문이다.

10

올바른 설명은 이렇다. 큰 악마가 그의 마음속에 자리를 잡고 있어, 무수한 작은 악마들이 큰 악마를 섬기기 위해 가까이 온다는 것이다.

비밀을 접한 인간은 그 부름에 따르려고 노력하며 삶의 모든 영역에서 결론을 이끌어 낼 것이다. 그러나 곧바로 악이, 즉 조급함과 고의성이 밀어닥쳐 그와 비밀 사이를 파고들게 된다.

그는 침착함과 평온함을 보여 준다고 생각한다. 그러나 그는 바로 그때 사람들이 자신을 흥을 깨는 자로 여기고 자신에게서 등을 돌린다는 것을 알게 된다. 바로 여기에 또 다시 혼란 속으로 빠져들게 하는 유혹이 존재한다. 물론 그는 훨씬 앞서 있어 이러한 유혹에 저항하게 된다. 그러나 사실 그는 함께 체험할 능력을 상실했고, 사람들은 그가 공감하지 못한다고 그를 버린다. 작은 악마, 즉 무관심이 큰 악마를 섬기게 되는 것이다.

그는 자신의 견해에 따라 사물들에 대한 객관적 평가를 보여 준다. 그는 곧바로 모순을 경험하고, 사람들은 그의 "보다 나은 인식"을 거부한다. 이것이 바로 그에게는 독선적으로 자신의 입장만을 주장하게 되는 유혹이 되어 버린다. 당연히 그는 이 유혹에 맞선다. 그러나 사실 그는 객관적으로 보지 못하고 자신의 도식에 따라 판단하고 거기에 모든 것을 맞추어 버리며, 마치 판관처럼 행세한다. 작은 악마, 즉 비판이 큰 악마를 섬기게 되는 것이다.

그는 항상 도움을 줄 준비가 되어 있고 뛰어난 통찰력을 근거로 조언도 하며 필요한 일이라면 무엇이든 의욕적으로 시작한다. 그러나 유감스럽게도 사람들이 자기의 도움을 거부하고, 감사할 줄 모르고 그를 은인으로 존경하지 않음을 알게 된다. 이것이 마음 속 상처를 받도록 하는 유혹이라 여기고 그 유혹에 굴하지 않고 계속 친절하게 된다. 그러나 사실은 자신과는 아무런 상관도 없는 일에 원치 않는 개입을 했으며, 사람들은 그의 개입에 자신을 보호하려 한다. 작은 악마, 즉 귀찮게 졸라댐이 큰 악마를 섬기게 되는 것이다.

그는 인식이 내적 만족을 주어서 결국 자기의 길을 발견했다고 말한다. 그리고 이러한 행복을 타인에게도 베풀기를 원한다. 그러나 사람들은 그에게 귀를 기울이지 않고 그 앞에 마음을 열지 않아서, 그는 통찰의 씨를 뿌릴 수가 없다. 이것이 다른 사람의 구제에 대한 무관심의 유혹이라고 간주하고 여전히 의욕적으로 물론 보다 신중한 행동을 한다. 사실 그는 정신적인 이질성을 견디지 못하고 다른 사람에게 자신의 신념을 심어 주고 개심 시키려 한다. 작은 악마, 즉 정신적 조종이 큰 악마를 섬기게 되는 것이다.

그는 자신의 목표를 향해 노력하고 주변의 사소한 주장과 요구에 현혹되지 않는다. 사람들은 그의 무분별한 태도를 비난한다. 이것 또한 그에게는 잘못된 양보심 때문에 자신의 길을 저버리도록 만드는 유혹이 된다. 그는 단호하고 철저하다. 사실 그는 자신의 앞길과 정신적 관심사의 실현만을 생각한다. 작은 악마, 즉 고집이 큰 악마를 섬기게 되는 것이다.

그는 삶의 모든 정황을 바로잡아 자신의 목표에 대립되지 않게 한다. 그러나 그와 더불어 사는 사람들은 자신에게 맞지도 않는 질서에 맞추고 있다는 느낌 때문에 반발한다. 그는 이 또한 약하기 때문에 삶의 새로운 질서를 포기하도록 만드는 유혹이라 여기고 자신의 새로운 습관을 물론 소중하게 고수한다. 사실 그는 다른 사람보다는 자기의 관심사에 우위를 두고 주변사람들에게 자신의 요구를 강요한다. 작은 악마, 즉 지배욕이 큰 악마를 섬기게 되는 것이다.

이는 작은 악마들의 무리 중 몇몇을 선택한 것일 뿐이며, 인간에게 몰려와 큰 악마, 즉 조급함 그리고 선하려는 의도를 섬기러온 무리의 일부일 뿐이다.

선하려는 조급함은 교만이라는 악마도 섬기고 있다. A는 그토록 많은 유혹이 다가오는 정황을 자신이 선에 있어 발전한 증거라고 간주한다. 이 교만은 선으로 가고 있다는 믿음으로 능숙하게 둔갑한다. 게다가 이 교만은 선의 길, 즉 비밀에 대한 헌신이 버림받았다는 명백한 표시도 유혹으로 보이게 만들어 작은 악마들에게 위장하는 외투를 걸쳐 준다.

조급함과 교만이 비밀과 A 사이에 은근슬쩍 들어왔다. 악이 비밀의 힘을 교묘하게 빼앗았고 비밀에 맞서 힘을 행사한다. 오히려 A가 비밀에 접하지 않았다면 더 나을지도 모르겠다. 왜냐하면 그 이전에 A는 불완전한 이들과 더불어 평균적으로 불완전했기 때문이다. 이제 A의 부족함은 새로운 차원을 맞아 강화되고 심화된다. 그럼에도 비밀은 자신의 영향력을 포기하지 않는다. 비록 남용을 예견하지만 포기하지는 않는다.

11/12

한 개의 사과에 대해 가질 수 있는 견해는 다를 수 있다. 즉 식탁 위에 있는 사과를 보기 위해 목을 내밀어야 하는 어린 소년의 견해와, 사과를 손에 들고 식탁에 함께 앉은 사람에게 자유로이 건네주는 집주인의 견해는 다를 수 있다.

모든 발전은 본래 자신이 속해 있는 영역에 항상 머물러 있다. 예를 들자면, 씨와 그로부터 싹튼 식물은 식물적 삶의 영역에 속하는 것으로, 동물세계나 인간세계의 영역으로까지 들어올 수는 없다. 자연적 인간세계의 영역에서, 즉 자연현상들에 묶여 있는 인간의 의식에서 볼 때, 그 의미는 이러하다. 인간은 자연을 대하는 데에 서툰 초기단계에서 시작하여 이성을 발전시키고 그 발전에 상응하는 인식들을 통해 자연을 지배할 수 있는 상태로 상승할 수 있다. - 그러나 인간은 여전히 자연물이다.

비밀의 영역과 관련해서는 발전의 법칙이 다음과 같은 의미를 지닌다. 일단 인간은 초감각적인 현실에 관해 뭔가를 예감한다. 인간은 식탁 모퉁이 너머로 사과를 볼 수 있는 소년과 비슷하다. 그가 새로운 힘에 더욱 마음을 열어 그 힘을 지배하게 된다면 자신에게도 이미 하나의 법칙이 심어져 있음을 깨닫게 된다. 그 법칙은 씨앗처럼 진정한 운명에 대한 발전을 내포하고 있고 새로운 힘들의 법칙과 동일하다. 결국 인간이 이러한 발전 경향에 완전히 몸을 바쳐 그를 통하여 변신한다면, 그는 언젠가 스스로 새로운 질서의 구성요소가 되고 그 질서 속에서 자유로이 움직이게 될 것이다. 왜냐하면 이 질서는 그에게 이미 새겨져 있고 이제 발전된 법칙이기 때문이다. 이렇게 자유롭게 그리고 진정한 본질과의 일치 속에서 그는 집주인처럼 다른 사람에게 풍요를 나눌 수 있게 된다.

13

> 인식의 시작을 나타내는 최초의 징후는 죽고 싶다는 생각이다. 이 삶은 도저히 참을 수 없고 다른 삶은 도달할 수 없는 것처럼 보인다. 죽고 싶다는 생각은 더 이상 부끄럽지도 않다. 미운 옛 감방을 벗어나 미워하게 될 새 감방으로 보내지기를 청한다. 그때 다음과 같은 믿음의 찌꺼기가 함께 작용한다. 즉, 호송 도중에 우연히 주인이 복도를 지나가다가 감금된 이를 보고 "이 자를 다시는 가두지 마라. 이 자는 내게 오리라"고 말할 거라는 믿음 말이다.

도대체 어떤 인식이 문제가 되는가? "죽고 싶다는 생각"이 어떤 인식의 표시로 인지될 수 있는가? 두려움, 가난, 고독 그리고 약점이 있는 삶이 건강, 힘 그리고 충만을 지닌 삶에 비해 결실 없이 무의미하다는 인식이 문제인가? 이러한 인식으로부터 죽고 싶다는 생각이 날 수도 있을 것이다. 자살을 선택한 이는 건강하고 강건한 삶에 언제 한 번 도달할 수 있을까 하고 절망했을 것이다. 그러나 그러한 죽음은 비겁한 짓이 될 것이다. 삶이 요구하는 에너지와 용기가 없음을 오히려 "부끄러워"해야 할 것이다. 죽고 싶다는 생각은 참을 수 없는 삶의 종말만을 지향할 뿐, 어떠한 긍정적 의미도 그 생각을 정당화하지는 못할 것이다.

분명히 뭔가 다른 인식이 있다. 강자와 약자의 생존경쟁과는 다른 어떤 삶이 존재하리라는 인식 말이다. 이런 삶이 한 인간의 시야 속으로 들어온다면 그와 동시에 생기는 인식이 있다. 일상적인 삶이란 약자의 삶이든 강자의 삶이든 이 다른 삶과 비교하여 볼 때 헛되다. 다른 삶의 빛에 비추어 볼 때 죽고자 하는 생각은 다른 질과 의미를 가지며, 의미 있게 된다. 경우에 따라 그 죽음을 통해 목표가, 즉 다른 삶이 실현될 수도 있기 때문일 것이다. 인간은 생존경쟁의 영역에 머무르고 있는 동안 다른 삶에 도달할 수 없어 보인다. 그러나 그가 그 다른 삶으로 접어들 수 있다는 전망이 가로막혀 있는 것은 아니다. 물론 인간이 "죽는다는" 전제하에서 말이다. 이 때문에 죽으려는 생각을 부끄러워할 필요는 없다. 이유인즉 이 죽음은 다른 삶을 획득하는 전제조건이므로 가장 소중한 것이고 또한 인간의 운명과 일치하는 것이기 때문이다.

자연사란 육체라는 낡은 감방으로부터, 즉 육체에 매여 있는 감정, 생각, 습관 그리고 생활조건 전체로부터 빠져 나오게 만드는 것을 의미한다. 출생이란 새로운 감방으로, 즉 새로운 육체와 그 감정, 생각, 습관들 및 생활조건 전체 속으로 들어가게 되는 것을 의미한다. 다른 삶에 관한 초기의 인식이 희미한 빛처럼 어둠 속으로 스며들어, 인간이 거주하고 있는 우주가 초기의 막연한 윤곽 속에서 감옥으로, 그리고 그의 삶이 감방으로 인식될 수 있게 되자마자, 모든 육체는 그 삶의 조건과 더불어 언젠가는 한 번 혐오스럽게 느껴지고, 좁든지 불편하든지 감방으로서 느껴진다.

새로운 삶의 영역, 즉 감방 밖의 자유로운 삶의 영역에 있는 주인에게 도달할 수 있겠다는 "믿음의 찌꺼기"가 죽고 싶다는 생각과 함께 작용한다. 오직 이 믿음만이 죽음을 의미 있게 만든다. 믿음의 근거는 무엇보다 감옥을 떠날 때 비로소 새로운 삶에 돌아갈 기회가 생긴다는 통찰에서 오는 것이다. 주인이 이렇게 집으로 데려오는 것도 단지 다른 삶에 대한 인식이 미리 있을 때, 그리고 다른 삶을 향해 열린 마음, 즉 믿음이 있을 때에만 가능하다. 다른 삶과의 결합없이 다른 삶으로 들어가는 것은 불가능할 것이다. 이렇게 믿음의 전제하에서 비로소 "죽고 싶다는 생각"은 그 근원의 의미를 드러낸다. 바로 자연사와 연결될 수 있는 것은 아니다. 비밀, 즉 다른 삶이 인간에게 작용하기 시작할 때 인간은 죽음의 과정을 자연사에 앞서 이미 밟고 있는 것이다. 다른 삶의 빛에 비춰 판단할 때 기존의 삶이 지닌 모든 구성요소는 감옥 그리고 무가치한 것으로 여겨진다. 이것이 바로 구성요소들의 소멸, 죽음의 시작이다. 새로운 인식을 통한 인간의 결정적인 변화, 즉 자기소멸이 시작된다. 생존경쟁을 향한 모든 생각, 감정 그리고 습관들이 점진적으로 소멸하기 시작하는 것이다. 이것들이 다른 삶에 맞춰진 사상, 감정 및 행위로 대치된다. 자연사가 시작될 때 이런 과정이 진전되면 될수록 "주인"은 더 확실하게 인간을 자기에게 데려갈 수 있을 것이다. 자연사는 이미 시작된 죽음의 과정을 완결하는 한 부분일 뿐이다.

14*

> 네가 평지 위에서 걷고, 걸으려는 강한 의지를 지니고 있지만 뒷걸음질만 친다면, 그것은 절망적인 일일 것이다. 그러나 네가 아주 경사진 비탈을 걷고 있기 때문에, 예컨대 발 밑에서 누군가 볼 수 있을 만큼 가파른 비탈을 기어오르기 때문에, 그 뒷걸음질은 단지 지형조건에 의해 야기된 것일 수도 있다. 그러므로 절망하지 않아도 좋다.

과제를 해결하기 위한 인간의 통상적 수단은 목표를 주시하는 합리적인 사고, 합리적 방법론, 그에 적합한 행동 그리고 의지, 에너지 및 물질의 필수적 투입이다. 그 과제가 세상의 개인적인 정복이라면, 즉 수평적 궤도 위에서 앞으로 나아가는 것이라면, 그 수단들만으로 충분할 것이다. 여기에는 성과, 노력, 강한 의지 그리고 예리한 지성이 적합한 수단이다.

그러나 인간이 하늘의 정복을 목표로 삼는다면 자기 존재가 땅과 하늘 사이에 가로놓인 장애물이라는 것을 알게 된다. 높은 곳으로 도달하자면 그 장애물을 극복해야 한다는 것도 알게 된다. 그 장애물은 시선을 위로 향한 인간 앞에 가파르게 솟아올라 있어 인간이 매 걸음마다 미끄러져 떨어지게 된다. 왜냐하면 자기 존재를 극복하기 위해 투입하는 모든 수단이 소용없기 때문이다. 즉 의지의 투입을 통해 고집은 없어지지 않고 오히려 그로 인해 강화된다. 노력을 통해 인간은 비밀이 작용하기 위한 전제조건인 태연함을 달성하지 못한다. 왜냐하면 노력 자체가 태연함과는 모순되기 때문이다. 하늘의 작용에 대한 어떤 열린 마음이 노력과 성과를 통해서 생기는 것이 아니다. 왜냐하면 모든 의도는 하늘의 힘에 대한 닫힌 마음을 뜻하기 때문이다.

자기 자신을 극복하고 하늘이 입장하는 것을 허용하는 과제가 세상을 정복하는, 즉 평지 위를 걷는 과제라면, 실패의 원인은 수단의 선택에서 범한 오류일 것이다. 적절한 수단과 새로운 방법을 다시 적용하였지만 계속 실패한다면 그것은 절망의 원인이 될 것이다. 왜냐하면 잘못은 올바른 수단을 찾지 못하는 자신의 무능함에 있기 때문일 것이다.

억지로 하늘로 쳐들어가려는 이는 자신의 힘으로 감당하지 못할 뿐만 아니라 거부당할 과제까지도 해결하려고 도모했다. 과제의 해결을 위해 그가 투입하려는 모든 수단은 부적합하다. 뒷걸음질은 "지형의 성격"으로 야기되는 것이므로 절망할 필요는 없다.

그러나 과제의 해결이 분명히 불가능하다는 사실 자체가 좌절의 이유가 아닌가? 바로 이 불가능성이 오히려 부담을 덜어 준다. 과제와 수단이 서로 상이한 영역에 속하므로 원칙적으로 서로 맞을 수가 없다. 그러므로 실패하더라도 인간의 잘못은 아니다.

이렇게 위안을 주는 통찰로부터 실질적인 극복이 생길 수 있다. 성공을 위해 전력을 다하여 투쟁한 후 자신의 노력과 성과를 태연하게 포기하게 되는데, 즉 고집이 사실상 죽게 되는데, 이로 말미암아 하늘이 아래로 내려 비추는 효력이 가능케 된다.

15

마치 가을날의 길 같다. 깨끗이 쓸어 놓자마자 다시 마른 잎들로 덮인다.

아마 인간은 자기 극복을 위한 투쟁의 시간을 많이 가진 후에야 자기 노력을 포기하게 될 것이다. 평온함이 찾아온다. 성공을 위한 모든 노력과 실패에 대한 모든 두려움은 소멸되고 조심스런 기쁨에, 그리고 좌절이 적절치 못하다는 확신에 길을 열어 준다. 왜냐하면 과제의 해결은 보통의 수단을 가지고 성취될 수는 없기 때문이다. 아마 이 은근한 기쁨과 고요 속에서 비밀의 작용이 나타나 진정시키면서 투쟁의 흔적 위로 퍼져 나갈 것이다.

그러나 옛 습관과 안팎의 자극에 대한 옛 반응이 또다시 옳은 것이 될 때까지는 오래 걸리지 않는다. 인간이 정적의 상황을 유지하기 위해 애쓰든지, 그 상황이 또 사라지지나 않을까 두려워하든지, 혹은 판단, 숙고 및 의심과 함께 옛 본색이 새로이 전면에 나타나든지 간에, 옛 것은 다시 살아난다. 동요되지 않는 순수한 면은 다시 행동과 의도에 의해, 마치 가을에 변색되어 끊임없이 떨어지는 나뭇잎처럼 옛 본색의 산물에 의해 덮인다.

그러나 기나긴 작업이, 어쩌면 눈에 띄지도 않는 내면적 작업이 있은 후에, 고요가 다시 표면 위로 나타나서 혼잡한 교란을 제거하는 때가 올 것이다.

16

새장이 새를 찾으러 갔다.

인간은 자유를 누릴 가능성뿐만 아니라 자유를 누릴 운명을 타고났다. 그러나 인간은 이러한 자유로운 자신의 둘레에 그리고 그 자유 둘레에 창살을 쳐 놓고 있다. 그의 모든 것이 - 습관, 사고방식, 성공과 즐거움에 대한 몰두, 실망과 폭력에 대한 두려움이 - 그의 자유를 막는 창살이 되었다. 그렇다. 인간은 스스로를 새장과 너무나 일치시킴으로써 새장을 자기 자신의 본질로서, 게다가 자신의 자유로서 간주해 버렸기 때문에 자신의 무한한 자아를 더 이상 인지할 수 없는 것이다.

이러한 상황 속에서 새, 즉 진정한 자아는 완전히 경직되어 버리고, 날개를 접고 기절하여 누워 버린다. 인간은 자유의 새에 관해 아무것도 모르고 그 새를 한 번도 찾아 나서려 하지 않는다. 새가 어떤 이유에서든 힘없이 날개를 움직일 때면, 인간에게는 미풍이 가볍게 스친다. 이제야 인간은 자기 자신이 진정한 자아의 새장이고 자신의 존재와 의식의 현 상태가 바로 불멸의 감옥임을 인식하게 된다. 그러나 그는 아직 새가 날갯짓하는 바람이 어디서부터 오는지 몰라 아무 데나 찾으러 다니는 것이다.

물론 새가 도망간 것은 아니므로, 사람들이 새를 찾으러 새장 밖으로 갈 필요는 없다. 새는 새장 안에 있다. 새장은 어디로 가든 늘 그 안에 새를 담고 다닌다. 이런 식의 찾기는 헛된 것이다. 새가 하늘의 원소와 더불어 살 수 없게 방해하고, 그 때문에 새가 숨어 지내도록 만드는 것이 새장이라는 사실을 깨달을 때야 비로소 인간은 새를 발견하게 될 것이다.

17

이런 곳은 한번도 있어 본 적이 없다. 호흡이 다르고, 별 하나가 태양 옆에서 태양보다 더 눈부시게 빛을 발한다.

높은 곳에서 비치는 광선에 마음을 여는 인간에게 놀라운 순간들이 다가온다. 인간은 충만한 빛을 경험하지는 못하나 희미한 빛이 갑자기 무한히 먼 곳으로부터 자신을 알릴 수 있다. 이 희미한 빛은 습관적인 의식이 파악하고 인지할 수 있는 모든 것보다, 자연 그대로의 눈이 보는 모든 것보다, 이성적인 사고가 인식하는 모든 것보다 찬란한 빛을 발하며, 물리적인 태양보다도 더욱 밝게 빛난다. 그 빛은 순식간에 인간을 변화시킨다. 그 빛은 인간을 자신의 진동 안으로 끌어들이며 그 안에서 인간이 함께 진동하게 만든다 - 호흡이 달라진다. 그 빛은 아주 기이한 느낌이 드는 새로운 미지의 장소로 인간을 데려간다. 즉, 그 빛은 삶의 일상적인 영향들로는 설명될 수 없는 영혼의 상태가 인간 내부에서 생기도록 한다. 오직 이 장소로부터 인간은 밝은 별, 즉 이성적인 사고의 태양 곁에서 비추는 별을 볼 수 있다. 왜냐하면 이 장소, 즉 예상치 못한 상태에서 나타난 존재상태는 이 별의 광채와 상호관계를 유지하기 때문이다. 이 장소는 광채 그 자체에 의해 만들어진다.

능력과 경험은 하나이다 - 새로운 존재상태가 새로운 인지를 가능케 한다. 인지의 대상이 인지기관, 즉 새로운 존재상태를 만들었다.

18

기어오르지 않고도 바벨탑을 건설하는 것이 가능했었다면, 그것이 허용되었을 것이다.

하늘과 땅 사이의 결합을 나타내는 탑은 위에서부터 세워져야만 한다. 하늘에서 비치는 광채는 그것을 기다리는 인간 혹은 그것을 기다리는 인류를 지상에 있으면서도 하늘에 다다르는 탑으로 변화시킨다. 이 변화는 모든 조급함과 의도가 죽는 것이고 태연함과 고요의 새로운 능력이 만들어지는 것이다. 이러한 새로운 존재상태 속에서 하늘의 눈부신 별이 비치게 된다. 인간은 모든 옛 것을 버리고 소멸시킨 완전히 새로워진 존재로서, 보다 광범위한 변화 속에서 하늘로 들어갈 수 있다.

그래도 뭔가 다른 탑이 바벨탑이다. 바벨탑은 인간이나 인류가 하늘을 인식하고 하늘로 들어가는 데 적합한 자신을 만들고자 하는 것이다. 이러한 인간은 쌓아 올리는 모든 돌 하나하나에 직접 참여한다. 탑과 더불어 하늘로 기어오르고 또 머무른다. 부단히 더 섬세해지고 더 높이 발전하는 데 직접 참여는 하지만, 그는 그 자신이다. 그는 태어난 덧없는 자연의 영역에 머무르는 인간이다.

자신의 의지로써 새로운 인간이 되는 것은 불가능하다. 만약 그것이 가능하다면 - 허용되었을 것이고, 하늘에 이르는 탑은 무너지지 않았을 것이다. 그러나 사고의 도움으로 비밀 속으로 들어가기 위해 하늘로부터 내려오는 첫 광채를 만난 인간은 개념체계를 생각해 낸다. 그는 빛의 숨결과 하나가 되기 위해 감정을 극도로 강렬하게 몰아간다. 그는 행동하면서 온갖 수단을 통해 영향을 받으며 위로 기어오르기 위해 사다리에 사다리를 만든다. 그는 일찍이 아래로의 결합, 즉 광채에 봉사했던 상징과 관례의 옛 체계들을 자신이 더 높이 올라가는 길로 변화시킴으로써, 이 체계들을 오용한다. 이러한 방식으로 결국 극도의 노력과 긴장이 있는 한 점에 이르러, 그 점에서 붕괴하는 것은 불가피하게 된다.

그러한 붕괴, 즉 바벨탑의 무너짐은 항상 반복된다. 모든 종교의 의미는 원래 빛이 인간들에게 침투할 수 있었던 길, 빛이 입고 있는 하나의 틀 그리고 빛이 말하는 하나의 언어문법의 부분이라는 것이었고, 지금도 그것은 마찬가지이다. 빛이 어떤 옷을 입고 인간에게 오든지 상관없이 이 빛을 향해 열려 있는 인간은 이 언어를 이해한다. 그러나 종교가 바벨탑이 된다면, 즉 인간이 하늘로 기어오르기 위한 도구가 되어 버린다면, 인간은 그 유일한 빛을 더 이상 경험하지 못하고, 빛의 유일한 언어를 더 이상 알아듣지 못할 것이다. 인간의 종교는 인간에게 모든 다른 사람을 배제하는 유일무이한 길이 되고, 그 유일한 언어는 많은 언어들로 나누어져 누구도 더 이상 다른 사람을 이해하지 못하게 될 것이다.

19*

악으로 하여금 네가 악 앞에서 비밀을 가질 수 있다고 믿게 하지 말라.

악은 독립적으로 행동하며 세상이나 하늘을 정복하려는, 즉 세상과 하늘에 자신의 관념과 의지의 법칙들을 강요하는 자기 존재 속에 있는 경향들이다. 이 경향들은 비밀의 작용, 즉 세계와 하늘의 법칙대로 행하는 것을 막는다. 그 때문에 그것들은 악이다. 이 경향들은 자지도 않고 항상 매복하고 있다. 악은 도처에 들어갈 자리를 만들고, 빛이 이미 인간 속을 밝히고 있는 모든 영역으로 재차 침투한다. 악은 그 어떤 정화된 상태도 다시 더럽히고 그 어떤 모든 고요함도 다시 교란하며 그 어떤 신뢰도 의심으로 바꾸며 그 어떤 순수함도 교만함으로 감염시킨다. 악은 그 어떤 인식도 뒤틀리게 하며 그 어떤 명료함도 흐리게 만들 수 있다. 왜냐하면 악은 인식과 명료함을 조급하게 관철시키기 때문이다. 악 앞에 안전한 것이란 없고 공격받지 않는 것이란 없다.

그래도 인간이 악, 즉 자기 존재 속에 있는 조급함 앞에서 비밀을 가지고 숨길 수 있거나 얻을 수 있다고 믿는다면, 이것은 악의 입장을 허용하는 확실한 길이 된다. 왜냐하면 악이 더욱 손쉽게 작용할 수 있는 잘못된 확신이 이러한 믿음 속에 들어 있기 때문이다. 확신 그 자체가 자기기만이고 이미 악의 소행이다. 빛의 모든 작용을 악에 의한 파괴로부터 보호할 수 있다고 믿고 그 작용을 붙잡으려 시도한다면, 바로 그로 인해 파멸되고 만다. 왜냐하면 이러한 믿음이 벌써 자신의 힘에 대한 잘못된 신뢰이며 빛의 힘에 대한 불신이기 때문이다. 빛에 의해 생겨난 상태를 붙잡으려는 욕구는 빛의 작용에 간섭하는 오만이다. 그리고 빛이 아직 지속적으로 활동하지 못하는 현 상태를 잘못 알아보거나 그 상태를 인정해 버리는 무능력이다. 사태를 주시하고 악을 인식하며, 늘 다시 악을 파괴하고 어둠을 밝히며 순수, 고요 그리고 통찰을 만들어 내는 빛에 대한 신뢰를 가질 수 있는 가능성만이 있을 뿐이다. 조용히 자세를 가다듬고 자신의 존재 속에 있는 빛과 어둠의 상호작용을 허용하며 악에게 반항하지 않고 빛이 승리를 거둘 때까지 빛을 불신하지 않을 가능성만이 존재할 뿐이다.

20

표범들이 신전 안으로 침범하여 제주 항아리를 다 마셔 비운다. 그것은 항상 또다시 반복된다. 결국 사람들은 또 그러려니 예상하게 되어, 의식의 일부가 된다.

빛이 신전의 제단 위에 점화될 수 있다면, 어둠의 동물들은 그 빛으로 감히 다가가지 못할 것이다. 그러나 그 동물들은 신전 안으로 침범하여 제주 항아리의 내용물을 들이마신다. 자신의 의식과 존재의 신전 안에서 빛의 출현을 고대하는 인간은 일상적인 삶의 양식과 방법을 통하여 빛이 들어올 길을 준비할 것이다. 책략과 계산을 통해서가 아니라 제주 항아리를 채우면서 준비한다. 채우는 내용물은 빛을 그리워하는 눈물, 경험에 의해 순화된 인식의 정수, 고통의 압착기로 짜낸 헌신의 포도주, 온갖 인생의 소용돌이 속에서 얻어낸 안정이란 맑은 물이다.

그럼에도 그는 안식의 상태가 유지될 수 없음을 즉각 깨닫게 된다. 사고, 욕구 그리고 소원의 밀림으로부터 형상들이 갑자기 닥쳐 온다. 그리고 실현되기를 원하는 표상들이 닥쳐 온다. 이것들은 바로 그 축적된 힘을 먹고 살며 준비의 성과를 수포로 만든다.

그러나 빛에 대한 그리움을 가라앉힐 수 없게 되어 인간은 마음을 새로이 가다듬고 비밀을 고대한다. 그리고 또다시 획득된 힘은 악에 의해, 즉 어둠의 악마들에 의해 모두 소비된다.

인간이 이런 과정을 처음으로 경험했을 때는 경악하거나 화내거나 아니면 절망하였다. 그 다음 번에는 그는 신전에 침범한 표범에 맞서 싸웠다. 끈기가 없는 비밀의 탐구자는 실패 후 포기했을 것이다. 그러나 비밀의 예감에 의해 치명적 상처를 받은 자에게는 오로지 매순간 다시 빛을 받기 위해 자신의 존재를 점검하는 노력만이 있을 뿐이다. 결국 자신의 작업을 재차 괴멸시키는 동인에 놀랄 뿐만 아니라 그 동인을 불가피한 것으로 받아들이게 된다.

더 이상 어떤 방어도 없다면, 두려움도 더 이상 염려되지 않는다면, 게다가 제물의 상실에 대한 슬픔이 사라졌다면, 빛에 대한 신뢰는 사라지지 않을 것이고, 예상외로 빛이 밝게 빛나기 시작할 것이다.

21

손이 돌을 굳게 쥐고 있듯이. 손은 돌을 더 멀리 던져 버리기 위해 굳게 잡고 있는 것이다. 그러나 바로 그 먼 쪽으로 길이 통한다.

과제, 길 그리고 요구사항이 인간 앞에 선명하게 놓여 있는 상황들이 있다. 인간이 인식하는 것은 생존경쟁 속에 놓인 삶의 일부분, 개별적 의견, 느낌 그리고 습관이 변화의 대상이라는 것만은 아니다. 본질 전체, 즉 조급함의 알맹이 그리고 그 모든 껍질들, 즉 나이의 경과, 그 매순간 속에서의 전체적인 삶, 또한 세속의 모든 부분과 연루되어 있는 것들도 변화의 대상이다. 결정의 순간에는 모든 인생경험이 통합되고, 인식의 합산이 이루어지고, 자기 본질의 특성과 능력이 하나의 굳은 덩어리로 뭉쳐지고, 빛 가운데에 놓여 그 빛에 노출된다. 그 다음에 너무나 선명하게도 이 덩어리는 빛과 일치하지 않아 견뎌내지 못한다는 사실이 드러난다. 그 덩어리는 어둠이어서 그 덩어리를 던져 버려야 한다는 사실이 너무나 명백하게 드러난다. 보다 평온하게, 보다 결단력 있게, 보다 힘차고 용감하게 본질 전체를 가까이 데려와 빛 안에 두면 둘수록, 덩어리와 빛은 더욱 첨예하게 대조를 이루고, 양 원소의 불일치는 더욱 고통스럽게 느껴지며, 빛으로부터 비롯되는 거부는 더욱 강렬해진다. 그리고 더욱 절실하게 느껴지는 것은 옛 삶을 무의 저 먼 쪽으로 던져 버리고 소멸시켜야만 한다는 인식이다.

그러나 이러한 소멸에 인간은 의식적으로 증인이 되어 참여하고 있다. 그는 소멸의 고통을 저항하지 않고 허용한다. 아마 떨겠지만 피하지는 않는다.

그래서 길은 결정으로 이어질 뿐만 아니라 결정의 수행, 즉 빛이 존재하도록 죽음의 과정으로 이어진다.

22

너는 과제이다. 학생은 어디에서도 찾을 수 없다.

이것은 사방 어디에도 스승이 존재하지 않고, 중요한 과제 하나를 해결하고 수수께끼를 풀 학생조차 없다는 유감의 외침이 아니다. 오히려 안도의 탄성이다. 과제를 풀어 자신을 시험해 보며 완전히 뒤죽박죽 만들어 버리는 서투른 학생이 더 이상 보이지 않는다는 것은 오히려 경이로운 일이다. 왜냐하면 과제와 학생은 서로 일치하지 않기 때문이다. 우리는 노력하여 수수께끼를 풀고 숙제를 해내려고 지속적으로 뭔가를 시도한다. 그러나 자기 운명을 실현하는 것은 보통의 방법으로 해결될 수 없는 과제이다. 이런 운명과 관련하여 인간은 자신이 과제를 해결할 수 있는 능동적인 주체도 아니고 객체도 아니어서, 의도적으로 자기 존재에 개입하여 변화를 유발해야 할 거라는 사실을 받아들일 수 있다. 그 자신과 운명은 오히려 그에게 있어서 비밀이다. 과제는 비밀이 모습을 드러내는 데에 있다. 인간 자신의 몫은 침묵, 놀라움, 기다림이다. 비밀이 모습을 드러내는 것을 기다리는 것이다. 아니 기다리기보다는 오직 신뢰할 뿐이다.

부족한 방법으로 과제를 해결하려고 비밀을 강압하는 학생이 어디에도 없다면, 이는 경이로운 일이다. 인간이 모든 자제, 영향, 개선을 어리석은 짓으로 인식하는 상태에 이른다면 경이로운 일이다. 이 순간에 인간은 따라다니며 목을 조르는 학생을 떨쳐 버려서 안도할 수 있게 된다. 인간의 무한한 정신적 실존이 신선하고 생기 있게, 생각에 구애받지 않고, 마치 인간에게 열릴 준비가 되어 있는 넓은 평원처럼 놓여 있다.

23

진정한 적으로부터 무한한 용기가 네 마음속으로 들어간다.

인간은 덧없는 것에 매여 의지하려 하지만 항상 적들을 만나게 된다. 적들은 가진 것을 빼앗고, 하고자 하는 바를 방해하며 행복을 훔치려 든다. 인간이 대항하여 싸우는 무리들은 덧없는 일시성 그 자체이다. 즉 소유와 권력 구조의 끊임없는 변화 그 자체이다. 이것은 인간을 결코 중단되지 않을 싸움으로 몰아넣는다. 이 적들과 지속적인 평화란 불가능하다. 끊임없는 긴장과 경계가 자신의 위치를 주장하는 데 필요하다. 게다가 자기 일의 정당성과 적의 부당성에 대한 확신이 완전할 수는 없다. 어느 쪽으로든 독점은 보장될 수 없기 때문이다. 그런 까닭에 싸우는 심정은 소심과 방자함 사이에서 흔들린다. 때로는 마비되고 때로는 부풀어 오르며 두려움과 승리의 기분은 항상 교차한다.

그런데 불멸이 진정한 적이다. 인간이 운명인 다른 삶이 존재하고, 그 속에서 비로소 자기가 자기 자신이라는 것을 인식하자마자 인간은 진정한 적, 즉 무상함 속에 있는 진실되지 않은 존재방식의 적을 만나게 된다. 이 진정한 적은 진실되지 않은 것을 소멸시키도록, 즉 무상함에 집착하지 말도록 요구한다.

인간이 이 적을 만나면 진정 싸워 볼 만한 가치가 있는 적이 여기 있다는 것을, 이후 어떤 싸움도 없게 만드는 마지막 결전을 벌이게 될 상대가 여기 있다는 것을 알게 된다. 이러한 인식은 무한한 용기를 준다. 왜냐하면 여기에 아주 정당한 싸움, 즉 인간의 운명을 위한 싸움이 있기 때문이다.

복종이냐 승리냐의 문제는 이 싸움의 종국에서 대두되지 않는다. 진정한 적은 복종시키거나 혹은 복종되는 이방인이 아니다. 진정한 적은 새로운 삶 그 자체로서 옛 삶을 단계적으로 대체한다. 그러므로 이 싸움은 우리가 익히 아는 어떤 싸움과도 다른 점이 있다. 이 싸움은 싸우는 자를 단계적으로 변화시킨다. 이 적의 승리는 불안과 동요가 제거된다는 것을 의미하고, 더 많은 평온함과 명백함이 있다는 것을 의미한다. 이 적이 승리하면 승리할수록 인간은 자신의 패배에 동의할 각오를 더 굳힌다. 왜냐하면 그는 패배가 자신의 행복이요, 자신의 승리가 불행일 수 있다는 사실을 깨닫기 때문이다. 또한 필연적으로 행복한, 그리고 지속적으로 행복한 싸움의 결말에 대한 확신이 무한한 용기를 가져다준다.

진정한 적이 승리했다면, 인간은 자기가 싸웠고 지금 푹 빠져 있는 것이 자신의 진정한 자아였다는 사실을 알게 될 것이다. 왜냐하면 자아가 진실되지 못한 모든 것을 소멸시켰기 때문이다.

24

네가 서 있는 땅바닥이 두 발이 덮고 있는 것보다 더 클 수는 없다는 행복을 알아라.

비밀에 접한 후 인간은 더 이상 자기 자신과 그 주변세계를 혼란한 활동으로 어지럽히지 않게 된다. 평온함이 생기고 인간과 주변환경 사이에 참을성 있는 상호작용이 이루어진다. 이러한 평온 속에서 인간은 마주치는 것이 항상 자기 천성에 상응한다는 것을 경험한다. 인간이 자기 존재에 의거하여 주어지는 것 이상 도달할 수 없다는 사실을 아는 행복이, 그리고 주어지는 것 이상으로 세상을 취하지 않아도 좋다는 안도가 여기에서 생긴다. 인간은 자신의 주변환경으로부터, 즉 거대하고 무한한 땅으로부터 항상 그의 발바닥 크기에 상응하는 땅 조각을 받는다. 이는 땅에 붙어 있는 자신의 존재 크기에 상응하는 만큼의 크기이다. 그것을 알고 나면, 땅 위를 걸으며 경험을 헤쳐 나가는 길이 쉬워지게 된다.

25

세상 속으로 도피하지 않으면, 어떻게 세상을 보고 기뻐할 수 있겠는가?

세상을 보고 기뻐할 정당한 이유가 있다는 사실에 대해 이론의 여지가 있다.

그럼 자연과 예술의 아름다움 그리고 행복한 사건들에 대한 기쁨은 부당하다는 말인가? 어느 누가 이와 같이 주장한다면, 나락에 빠진 우울증이 기쁨을 느끼게 하는 모든 능력을 파괴한 셈이 된다. 그것은 인간 삶의 토대를 공격하는 것이다. 세상의 삶이 기쁨의 근거를 제공한다는 사실을 의심하는 사람은 삶을 향유할 모든 가능성을 파괴하고, 모든 활동력을 마비시키고, 모든 희망과 삶의 용기를 빼앗으며, 사건들, 대상들 또는 행위들 속에서 의미를 찾아 번민과 불행을 이겨낼 수 있는 가능성도 빼앗는다.

그러나 과연 세상을 보고 기뻐할 이유가 있는가? 생존경쟁에서 성공한 기쁨이 전체적으로 볼 때 과연 정당한 기쁨인가? 그 기쁨은 어쨌든 실패한 쪽에 서 있는 자의 비애를 동반한다. 그 때문에 언제나 타인의 고통을 전제로 한다. 성공한 자의 관점에서 볼 때도 그 기쁨이 정당한 것은 결코 아니다. 왜냐하면 성공을 성취하기 위한 노력은 조만간 성공한 자의 생명력에 복수한다. 그 기쁨을 위하여 너무나도 비싼 값을 치르지나 않았는지 궁금하게 된다.

삶의 선물에 대한 기쁨은 어떠한가? 예기치 않게 굴러 떨어진 성공, 갑작스레 얻은 행운, 공짜인 삶 그 자체 그리고 빛이나 공기, 음식물을 제공하는 세상의 존재 그 자체에 대한 기쁨은 어떠한가? 이러한 기쁨은 세상의 힘들에 의해 육성되고 그 힘들로 먹고사는 자들의 관점에서 볼 때 정당하다. 그러나 만약 이 세상 전체가 타락한 피조물이라면, 인간이 천지창조의 정신을 자의적으로 왜곡했기 때문에 타락했다면, 어떠한가? 그러면 그 모든 아름다운 육체, 자연의 그 모든 아름다운 작품도 근원적인 아름다움의 여운이지만, 동시에 잘못되거나 반대로 전개된 발전의 표현이 되는 것이며, 이런 점에서 무상한 것이다. 무상한 현상에서 발원한 기쁨 그 또한 처음부터 무상한 것으로 판결되는 것이다.

이처럼 모든 기쁨 속에는 이미 고통이 마련되어 있다. 한 인간의 내면에는 근원의 타락하지 않은 질서가 예감으로서 드러나는데, 그때 '진정한 기쁨은 오로지 근원의 질서와 조화 속에 사는 삶으로서 불멸하고 파괴할 수 없으며 지고의 정당성을 지닌다'는 사실은 당연한 귀결이 된다. 무상한 세상이 주는 것은 그저 단순한 기쁨 그 이상은 아니다. 그것은 그가 무상한 인간으로서 세상을 사는 동안 그러하다. 진정한 기쁨을 준 것은 아니다 - 물론 세상으로 도주해 버리는 경우를 제외하고 말이다. 무슨 도주를 어떻게 한단 말인가? 그것은 진정한 적을 피하는 도주, 인간의 진정한 운명을 피하는 도주이다. 진정한 운명은 무상한 세상의 존재에 대한 모든 거짓, 모든 환상을 포기하는 것도 포함한다. 이런 결론은 두려움을 불러일으키므로, 사람들은 이런 결론을 피해 도주한다. 동시에 진실되지 못한 존재를 포기하는 것에 대한 두려움은 근원적인 질서를 실행함에 있어서 불멸의 기쁨의 가능성을 인지할 수 있는 능력을 흐리게 만든다. 인간이 조급해서 생긴 감옥 안에서 싫건 좋건 간에 적응하여 습관이 되어 버린 상태를 버려야 하는 두려움은 인간이 자유를 앞에 두고 마음을 닫도록 만든다. 만일 인간이 자유에 대해 열린 마음을 가진다면, 자신을 기다리고 있는 기쁨을 인식한다면, 현재의 삶이 감옥으로 보일 것이다. 그것은 기쁠 때도 슬플 때도 마찬가지이다. 그러나 인간이 새로운 삶과 그 요구에 대한 두려움으로 인해 낡은 삶으로 달아나 버릴 때, 그는 반드시 이 도주의 정당성을 찾으려고 한다. 이 도주에 의해 사라져 버렸지만, 남몰래 예감할 수 있는 기쁨을 이제는 반드시 무상한 삶 속에서 찾으려고 한다. 그래서 그는 삶을 왜곡한다. 그는 삶이 가치가 있고 거기서 찾을 수 있는 무상한 반쪽 행복이 실제의 행복이고 진정한 기쁨이라고 스스로를 속인다. 이러한 왜곡은 다소간에 의식적으로 생기는 것으로 인간으로 하여금 이 세상을 기뻐할 수 있게 만드는 유일한 것이다. 진정한 삶의 대체는 인간이 가지고 있지 못한 특징들로 채워져 있다.

26

도피처는 셀 수 없이 많으나 구원은 오로지 하나이다. 그러나 구원의 가능성 또한 도피처만큼이나 많다.

현상의 세계에는 아주 상이한 신념, 관념, 이상들이 공존한다. 그 모든 것이 무엇을 피하기 위한 도피처인가? 어떤 위험을 피하기 위해? 그 위험은 실제의 기쁨이 없는 불완전한 자기 존재의 얼굴을 들여다보는 위험이다. 그 위험은 관념과 환상을 포기하도록 요구하는 새로운 존재방식의 요구에 자신이 노출되는 위험이다.

구원은 어디에 존재하는가? 진정한 존재의 기쁨에 열린 마음을 가지고 모든 환상을 포기하라는 요구에 동의하는 데에 존재한다. 의식적으로 현상세계의 불완전한 존재를 포기할 때 비로소 진정한 존재가 서서히 펼쳐질 것이다.

모든 관념과 환상으로부터 진정한 자아로의 복귀가 가능하다. 이러한 복귀와 그때그때의 도피처를 포기하는 것이 항상 구원이다. 이와 더불어 모든 도피처가 기회, 즉 구원의 가능성으로 변하게 된다.

26*

목표는 있으나 길은 없다. 우리가 길이라 부르는 것은 망설임이다.

사람들은 비밀에, 즉 진정한 자아에 접근할 수 없다. 비밀은 현존하고 가득히 많이 있으나, 그것을 알지는 못한다. 비밀이 모습을 드러내지 않는 이유는 인간이 마음을 열지 않기 때문이다. 인간이 비밀에 마음을 열지 않는 이유는 그가 의식과 느낌 그리고 사고와 의지와 더불어 완전히 세상의 영향력에 열려 있기 때문이다. 그가 세상을 사랑하기 때문이다. 비밀을 갈망하는 자도, 비밀이 작용하고 자신을 그 흐름 속으로 받아들여 주기를 희망하는 자도 아직 세상을 사랑하고 있다. 세상에 대한 이 사랑은 그가 비밀에 마음을 여는 데에 있어 주저하게 만든다. 그의 길은 수없이 많은 망설임의 연속이다. 그가 비밀에 가까이 있다고 느끼고, 그 목적지에 와 있지만, 감히 세상과 철저히 작별하지는 못한다. 그리고 의도적으로 결단을 내려 작별을 강행하더라도 본능의 뿌리를 땅에서 뽑아 버리지는 못할 것이다. 이러한 결단이 목표로부터, 즉 진정한 자아로부터 생기는 것은 틀림없을 것이다 - 그때 모든 장애물들을 쓸어버리게 될 것이다. 그것은 원칙적으로 가능한 일이다. 그것을 인간은 느낀다. 왜냐하면 목표가 그의 내면에 작용하기 때문이다. 비밀이 사방에서 밀어닥쳐 그의 마음을 가득 채우기 때문이다.

27

부정적인 것을 행하는 것은 우리에게 아직 부과되어 있는 일이다.
긍정적인 것은 우리에게 이미 주어져 있다.

근원적이고 정신적 질서로부터 나온 근원적 힘과의 접촉은 모든 인간들에게 이미 주어져 있다. 그 힘에 응하고 점차 근원적 질서에 맞게 생활하며 그 질서를 수행할 수 있는 가능성도 도처에 존재한다. 목표는, 즉 인간의 운명은 인간 내면에 이미 마련되어 있고 그 내면에 근거를 두고 있다. 이 목표가 자신의 모습을 드러낼지, 그렇다면 어디까지 드러내 보일지, 그것은 인간에게 달려 있다. 인간이 부정적인 것을 행할 준비가 되어 있느냐에 달려 있다. 무상한 현상들이 이루는 삶의 질서만이 통하는 곳으로부터 자유로워질 수 있느냐에 달려 있다. 왜냐하면 그가 현상세계의 관심사를, 그리고 자신의 행복과 인류의 행복에 대한 생각을 포기할 때 비로소 자신의 고유한 운명을 인식하여 자신도 근원적 질서의 인식기관이 될 수 있음을 깨닫게 되기 때문이다. 이러한 근원적 질서로부터 비로소 현상의 질서가 세상 질서 전체의 테두리 안에서, 그리고 인간 삶의 테두리 안에서 그에게 걸맞은 자리를 받게 될 것이다.

긍정적인 것이 이미 주어지지 않았더라면 부정적인 것도 성취될 수 없다. 새로운 관점이 발견되는 곳에서만 낡은 관점도 버려질 수 있다. 새로운 관점의 발견과 더불어 낡은 관점도 그와의 상대성 속에서 인식될 수 있다. 옛 질서의 부정은 우선 새로운 질서를 긍정하고 실행하는 것과 결부되어 있다. 그 이후에 새로운 질서는 영향력을 발하게 되고 옛 질서도 새로운 의미를 얻게 된다.

28

한번 악을 받아들이면, 악은 더 이상 자기를 믿으라고 요구하지 않는다.

악은 인간의 내부와 외부에 있는 세력으로서 인간의 운명을 방해한다. 악은 무엇보다 인간의 운명을 무상한 현상의 세상 속에서 보고, 그 운명을 스스로의 힘으로 실현하고 싶어하며, 그리고 인간의 노력이 잘못 인도되도록 무상한 세상의 감옥을 주인의 집이라고 거짓 주장하는 자의적인 성급함이다. 악은 자아실현을 하고 주인의 집으로 받아들여지고 싶어하는 인간의 동경에 의지하며 동시에 그의 긍지를 활성화하기 때문에, 커다란 유혹의 힘을 가진다. 그 긍지는 진정한 자아가 실현될 수 있는 방법을 스스로 안다는 긍지이고, 자신의 힘과 성과로부터 자아실현에 도달한다는 긍지이다.

만약 유혹에 대항하는 데 성공한다면, 악이 "자신을 믿어달라"는 요구와 자신에게 마음의 문을 열라는 요구를 들어주지 않는다면, 얼마나 집요하게 얼마나 강한 마력으로 그 유혹이 작용하고 있는지를 그때 비로소 깨닫게 될 것이다. 이러한 엄청난 긴장이 지속되는 일은 드물다. 대부분 인간은 악의 요구에 응하고 악의 경향에 마음을 연다. 의도적으로, 힘차게, 자신의 의지를 동원하여 그리고 물론 성급하게 진정한 자아를 강요하는 악의 경향들에 마음을 연다. 그로 인하여 이런 경향들은 인간의 생각, 감정 그리고 태도를 지배하고, 인간은 악을 받아들이게 된다. 그의 삶이 이제 악에 의해 규정되는 것이다. 유혹과 비밀의 빛 속에서 유혹의 인지 사이에 긴장감이 제거되고 없다. 악은 집 주위를 더 이상 어슬렁거릴 필요도 없다. 이미 방을 같이 나누어 쓰는 친구가 되어 버렸다. 악은 빛을 그 방에서 내쫓고, 빛의 작용을 불가능하게 만들어 이제 함께 탁자에 앉아 있다.

29

악을 받아들이려는 속셈은 너의 속셈이 아니라 악의 속셈이다.

악이 어떤 수단으로 자신을 믿게 만드는가? 어떻게 악을 받아들이는가? 속셈을 통해서이다. 악은 보통 뒷문을 통해 들여보내진다. 악은 공공연하게 악이라고 말하며 오는 게 아니라 선으로 위장하여 남이 모르게 들어온다. 악은 뒷문의 수상한 불빛을 선호하는 것이다.

인간은 내 운명이 의식적으로 근원적 세계질서에 들어가 그 안에서 완전히 동화되어서, 내가 세계질서의 의식적 수행기관, 즉 인지의 기관 및 행동의 기관이이라는 것을 인식했다.

그러나 악은 이렇게 말한다. '올바르게 인식한 너는 근원적 세계질서에 들어가서 그 질서에서 뜻을 찾아야 하므로, 이 근원적 세계질서를 실현해야 한다. 너는 우선 무질서 속에서 질서를 만들어야 하며, 도와야 할 임무가 있다. 지상에 낙원을 건설해라, 평화와 조화의 나라를 만들어라, 친절해라, 동정을 베풀어라, 사랑해라 그리고 인간의 본질과 인간의 사회에 관한 지식을 넓혀라. 그리하면 너는 인간의 행복을 이끌어 낼 것이다.' 이렇게 악은 선행을 하겠다는, 즉 정의·자유·평화를 위해 전력을 다하겠다는 인간의 모든 각오를 불러일으킨다. 그런데 악은 인간이 근원적 질서의 실현에 착수하기 전에 미리 자기 질서와 이해관계의 고집을 인식하고 포기하여 자기 내면에 있는 근원적 질서가 들어오도록 허용해야 한다는 사실을 숨긴다.

이러한 속셈으로 악은 침입해서 탁자에 앉아, 인간의 진정한 자아를 거의 완전히 몰아낼 때까지 자신의 영역을 넓힌다. 그리하여 인간의 진정한 자아가 혹시 탁자에 버젓이 앉아 있는 악이 아닌가 하는 생각도 하게 된다.

여기서 필요한 것은 오로지 구별의 명확성이다. 이 구별의 명확성이 악을 인식함으로써 악의 술책이 가지는 독성을 제거한다. 그로 인하여 악은 탁자와 방에서 빨리 떠나지 않을 수 없다.

29*

짐승이 주인에게서 채찍을 훔치고, 주인이 되기 위해 스스로를 매질한다. 그런데 짐승은 그것이 주인의 채찍 끈에 달린 새로운 매듭에 의해 생긴 환상일 뿐이라는 사실을 모른다.

악은 인간의 내면에서 장애요인으로 작용한다. 악은 인간이 그의 진정한 운명을 멀리하게 만든다. 그러나 그것은 동시에 또 다른 작용을 한다.

근원적 질서, 즉 평범한 인간에 의해 인식되지 못하는 신비한 질서는 희미하고 추상적인 형상으로 이루어진 힘없는 것이 아니라 주인이다. 권력을 지닌 주인이다. 에너지들의 집합이고 정돈된 이지적인 상호작용이다. 여기서부터 낙원, 즉 근원적 창조가 생긴다. 그러나 이 상호작용이 자신의 피조물의 고집 때문에 방해를 받을 때 거기에 참여하는 힘들의 방향은 근원적 질서와 더 이상 일치하지 못한다. 그 힘들은 덧없는 인간, 즉 짐승을 포함한 덧없는 현상의 세상을 만드는 에너지로 작용한다. 이 질서 내에서는 인간이 에너지를 더 이상 지배할 수 없고 오히려 그에 굴복한다. 그 힘들은 이 질서 내에서 인간의 조급함으로, 즉 인간으로 하여금 무엇이든 실현하도록 재촉하는 강력한 불안으로 작용한다. 인간은 무엇이 실현되도록 재촉 받는지 모를 뿐이다. 그래서 그 결과는 맹목적인 생존경쟁이다. 그리하여 우주의 에너지는 회초리가 되어 짐승이 되어 버린 인간을 향해 무참하게 휘두른다. 그 회초리는 좇고, 인간은 도망 다닌다. "주인"의 지시하에서 인간과 협력하여 끊임없는 건설을 하도록 근원적으로 운명지어진 힘들은 인간이 협력을 거절했기 때문에 걷잡을 수 없는 에너지, 즉 악이 되어 버린다. 조급함은 덧없이 되어 버린 인간, 즉 짐승을 나아가라 채찍질

하고 모험적인 계획을 구상하도록 몰아붙이며 향락, 지배, 위대함을 찾아다니도록 자극한다. 조급함은 결코 평온함을 찾게 두지 않으며 안도의 숨을 내쉬지 못하게 한다. 계획은 수포로 돌아가고 인간은 기진맥진하지만 조급함은 다시 인간을 몰아붙인다. 그리고 조급함은 인간을 야망으로 불태우고, 실패에 대한 두려움으로 불태우고, 노예생활에 대한 분노로 불태워서, 인간은 분노 속에서 자기 자신과 다른 사람을 파괴한다.

이러한 조급함의 다른 형태는 인간이 항상 그렇듯이 조급함을 압도하고 스스로에게 채찍을 휘둘러야 한다는 생각이다. 운명을 지배하고 스스로 판단하려는 열망이 생긴다. 이를테면 인간이 이성의 힘으로 무의식에 침잠하여 거기에 작용하는 힘들을 인식하고 조절하며 지배할 수도 있으리라는 믿음이 생긴다. 인간은 이성의 힘으로 세상을 움직이는 힘들을 찾아내고 자신의 목표에 따라 그들을 호령할 수 있으리라는 믿음이 생긴다. 그래서 인간은 주인에게서 채찍을 훔쳐 스스로 주인이 되려 한다.

이렇게 조급함은 조급함을 길들이려고 시도할 뿐이다. "짐승"으로서 "주인"이 될 수 있다는 그 자체가 조급함이 불어넣은 망상이다. 즉 악의 속셈인 것이다. 조급함의 새로운 형태는 채찍의 새로운 매듭일 뿐이다.

이러한 사냥, 즉 스스로를 주체하지 못하는 조급함의 악령들은 결국에 짐승인간을 지칠 대로 지치게 하여 길들일 수 있다. 악, 즉 주인이 쥐고 있는 채찍은 작용을 통하여 인간을 다치게 만들어, 결국 인간은 가던 길을 멈추고 통찰을 할 수 있다. 말하자면 이 통찰은 악을 낳아서 관리하고 있는 자가 바로 인간이라는 통찰, 근원적인 에너지들을 잘못 이끄는 것은 자신의 관념이라는 통찰, 자신의 의지가 근원적 에너지들을 자신의 이해관계에 맞추어 이용하여 부조화와 고통을 야기한다는 통찰, 인간 스스로가 주인의 손에 채찍을 쥐여 주고 자기를 다치게 할 매듭까지 매어 준다는 통찰이다. 만약 인간이 다시 근원적 질서에 전념하여 악의 산물들을 점차 소멸시킨다면, 악은 권력을 잃게 될 것이다. 그리고 근원적 질서, 즉 주인은 더 이상 짐승에게 채찍을 휘두르지 않을 것이다. 오히려 자원봉사자에게 자신의 모든 가능성을 제공할 것이다.

30

선은 어떤 의미로 보면 삭막하다.

인간의 고통, 환멸과 슬픔, 질병과 죽음에 대항할 궁극적인 수단은 없다. 인간이 사고하며 결정화된 의식을 고집하는 한 그러하다. 인간이 자신의 상황과 거기에서 생겨나는 부족한 행동에 대하여 무지의 상태인 한, 그는 위안을 가지고 싶어한다. 그가 위로를 찾을 수 있는 것은 가끔 찾아오는 성공, 행복의 순간, 환상, 다른 사람들의 참여 그리고 자기연민이다.

그러나 선이 인간에게 들이닥쳐 마음속에 인간의 상태와 운명의 진정한 지식을 공급해 주는 힘이 작용하기 시작할 때, 인간은 이 운명의 수행이 고통과 결핍의 중단을 포괄하고 있다고 인식하게 된다. 인간은 고통과 결핍의 중단이 바로 그것들의 원인을 중단하는 데에, 말하자면 근원적 질서와의 부조화 상태에 있는 삶을 야기하는, 방황하는 의식을 중단하는 데 있다는 것을 인식한다. 이러한 중단은 자기연민의 중단을 포함하며, 고통과 결핍에 대한 책임을 떠맡기를 거부하는 것으로, 지금 인식되는 위안에 대한 그리움도 포함한다.

선의 첫 번째 작용은 책임을 인정하고 수용하는 일이 될 것이다. 그와 더불어 자기연민과 위안의 포기는 표명될 것이다. 그런 의미에서 선은 인간에게 - 그릇된 - 위안을 앗아 간다. 왜냐하면 인간이 덧없음의 현 상태를 유지하고 있기 때문이다. 이런 의미에서 선은 삭막하다.

그러나 선은 또 다른 의미에서 삭막하다. 선의 영역에는 불멸의 법칙이 실행될 뿐이다. 거기에는 풍성하여 부족함이란 없으며, 우주질서와의 일치만이 존재한다. 별이 궤도를 바꾸지 않고 횡단하듯이 선의 영역에 살고 있는 존재는 자신의 과제를 그렇게 수행한다. 거기는 위로의 장소가 아니다. 왜냐하면 위로는 다만 결핍이 있는 곳에서만 의미가 있기 때문이다.

바로 이것이 선이 가지는 독특하고 궁극적인 위로의 본질이다. 선은 "어떤 의미로" 볼 때에만 삭막하다. 선은 모든 결핍을 중지시키고, 이를 통해 모든 위로의 필요성도 중지시킨다.

31

> 나는 자제하려고 노력하지 않는다. 자제란 다름이 아니라 내 정신적 존재가 무한히 발산되는 우연한 위치에서 작용하려는 것이다. 그러나 내가 내 주위에 그러한 둘레를 그어야 한다면, 차라리 움직이지 않고 그냥 엄청난 복합체를 보고 놀라며, 거꾸로 이 광경이 주는 고양만을 받아 가지고 집으로 가리라.

정신적 존재는 무한하다. 그것은 이성으로 파헤칠 수 없는 자신의 법칙에 따라 작용한다. 자제란 정신적 존재의 아무런 장소에, 그리고 그 존재 표현의 아무런 특성에 이성의 제한된 인식에 따라 자신의 영향력을 미치고자 하는 것이다. 억압이나 변화의 의미로도 볼 수 있다. 그것은 촉진하기보다는 방해하고 붙들어 놓는 것이다.

사람들은 부족한 인지기관, 즉 제한된 의식의 도움을 받아 자신의 정신적 존재에 몰두한다면, 조급한 의지를 통해 방해할 정도로 몰두하지 않고 기껏해야 관찰을 통해 방해할 정도이다. 그로 인해 적어도 정신적 존재가 침해당하지는 않는다. 어쩌면 정신적 존재는 오히려 이성의 좁은 형식을 통하여, 즉 비유적으로 그 정신적 존재가 인식될 수도 있다. 제한된 의식이 이득, 즉 무한성의 위대함을 보고 정신의 고양을 느끼는 이득을 가질 수 있을 것이다.

그래도 정신의 고양이란 인간이 끈기 있게 관찰하며 정신적 존재를 작용하게끔 만들 때만 이루어지는 것이다. 깜짝 놀라 경외하는 마음으로 자기 자신을 자연과 정신의 모든 힘들이 만든 산물로 인식할 때, 감사하는 마음으로 우주 만사에 자기 자신도 동참하고 있음을 받아들일 때, 정신적 고양이 있는 것이다.

인간이 권력의 척도에 따라, 자기중심적인 자연의 익숙한 척도에 따라 자신과 우주를 비교한다면, 우주의 엄청난 권력과 자신의 권력 사이의 불균형을 보고서 괴멸해 버릴 것이다.

32

까마귀들이 주장하기를, 단 한 마리의 까마귀가 하늘을 파괴할 수 있을 거라 한다. 그것은 의심할 여지가 없지만, 하늘에 맞설 어떠한 증명도 되지는 못한다. 왜냐하면 하늘이란 바로 까마귀들의 불가능성을 뜻하기 때문이다.

근원적 질서와 현상으로 나타나는 세상 사이의 관계를 비교한다면, 자연법칙과 그 자연법칙을 나타내기 위하여 적어 놓은 수학공식과 같다. 수학공식이 올바르다면, 즉 자연법칙을 정확하게 표현할 수 있다면, 현상으로 나타나는 세상이 근원적 질서에 맞는 옷일 수도 있다. 그러나 적어 둔 공식에 오류가 있을 수도 있다. 그로 인해 공식이 자연법칙을 중단시키지는 못하지만, 그 설명이 진리와 일치하지는 못하는 것이다. 이와 마찬가지로 현상으로 나타나는 세상은 근원적 질서의 타당성을 해치지는 못하지만, 근원적 질서의 불충분하거나 전혀 거짓되거나 아니면 오히려 근원적 질서와 상반된 표현일 수도 있다. 거짓, 즉 맞지 않는 옷의 - 이 옷이 우리가 살고 있는 세상이다 - 원인은 세상사람들의 자의적 권력 추구 때문이다. 그러한 추구가 행해지고 있는 한, 세상사람들은 옷과 그 내용물이 일치하는 낙원에서 추방당한 채 있어야 한다. 그들의 의식은 덧없는 현상들에 묶여 있어 더 이상 근원적 질서를 경험하지 못한다. 왜냐하면 그 의식은 무질서만을 반영하는 의식이기 때문이다.

까마귀들은 - 우리 세상의 모든 부분들은 - 자기들 중의 단 한 마리일지라도 자기들이 근원적인 질서를 파괴할 수 있다고 주장한다. 그들의 주장은 논리에 따르면 옳다. 무질서의 대표자인 그들이 근원적 질서에 무질서를 전할 수만 있다면, 그 질서는 깨어질 것이다. 공식의 오류가 스스로를 법칙이라고 사칭할 수 있다면, 그 법칙은 해체될 것이고 더 이상 법칙일 수 없는 것이며, 오류도 더 이상 오류가 아니라 새로운 타당성이 부여된 질서로서 받들어질 것이다. 왜냐하면 오류를 오류로 인식할 수 있는 것이 더 이상 없기 때문이다. 까마귀들의 특징은 무엇보다 그들이 파괴를 생각한다는 점이다. 왜냐하면 그들은 자의적인 권력 추구의 결과물들이고, 파괴하는 힘이 그들 삶의 정수이며 원인이기 때문이다.

바로 이것이 근원적 질서에 대한 그들의 상반된 특징이다.

까마귀들이 비록 논리적으로 옳다 하더라도, 사실은 옳지 않다. 왜냐하면 그들은 자신들이 자신의 무질서를 근원적 질서에 전할 수 없다는 전제조건 하나를 빠뜨리고 있고, 두 영역은 서로를 배제하고 있기 때문이다. 오류가 있는 공식은 결코 법칙 그 자체를 파괴할 수 없다. 까마귀들의 주장은 결국 하늘에 대항하여 아무것도 증명하지 못한다. 왜냐하면 거짓은 진리가 아니고 진리 그 자체를 침범할 수 없으며, 단지 진리의 표현을 침범할 수 있기 때문이다. 그러므로 진리가 의미하는 바는 바로 거짓이 불가능하다는 것이며, 영원함이 의미하는 바는 덧없음이 불가능하다는 것이고, 불멸이 의미하는 바는 파괴가 불가능하다는 것이다.

33*

순교자들은 육신을 과소평가하지 않는다. 그들은 육신을 십자가 위에 끌어올리도록 한다. 그 점에서 그들은 그들의 적들과 일치한다.

순교자들은 비밀의 명성을 감지하고 비밀이 모습을 드러내기를 동경하는 순교자들은 육체를 사슬이자 근원적 질서에 대한 반역으로 느끼고 있다. 왜냐하면 육체는 단단한 덩어리처럼 세상의 지반에 붙어 있고, 육체의 욕구는 세상의 요구에 대하여 답하도록 강요하며 근원적 질서의 작용에 저항하기 때문이다. 이렇게 그들은 근원적 질서의 법칙에 따라 살고자 할 때 육체의 무서운 힘과 저항을 경험한다.

형리에게도 순교자의 육체는 가장 큰 위험이고 반역이다. 물론 다른 견지에서 볼 때 그러하다. 왜냐하면 순교자의 육체는 비밀의 힘을 받아들이는 정도에 따라 근원적 질서를 감지할 기관, 즉 비밀의 어떤 영향도 전복하려는 시도로 느끼는 세상에는 무서운 위협이 될 수도 있기 때문이다. 형리가 본능적으로 인식하는 바는 현상세계 속에서 비밀을 드러내기 위해서 육체가 필수적이라는 것이다. 물론 그들은 비밀의 감지기관이 된 육체의 파괴를 통하여 비밀의 질서 자체도 파괴될 수 있다는 전제 아래 착각하고 있다.

십자가형은 반역자에게 어울리는 처형방법이다. 반역자는 높은 곳을 추구했다. 아이러니컬하게도 그 높은 곳은 십자가에 매달려 올려짐으로써 그에게 주어지게 된다. 십자가에 매달아 올리는 것은 승리자가 반역자에게 주는 경멸적이면서도 승리감을 느끼는 경의의 표시이며, 승리자가 그 위험한 노력에 냉소적으로 보여 주는 존경의 표시이다. 승리자는 반역자를 들어올리지만, 반역의 도구, 즉 권력을 잡으려던 두 손 그리고 옥좌로 향하려던 두 발에 구멍을 뚫어 버림으로써 엄청난 고통과 파멸만이 있을 뿐이다.

육체의 반역이 형리에게 주는 의의는 그 육체가 기존의 질서에 의문을 제기하였다는 것이고, 순교자에게 주는 의의는 그 육체가 근원적 질서에 의문을 제기하였다는 것이다. 그래서 형리에게 십자가는 반역자를 자기 쪽으로 끌어올려서 없애 버리는 지배권력의 상징이며, 반면에 순교자에게 있어서 십자가는 육체가 올라가서 파괴되는 근원적 질서의 상징이다.

순교자는 이러한 파괴에 동의하고 있다. 그 이유는 이미 의식 속에서 그 파괴를 행하였기 때문이다. 육체가 비밀의 작용에 될 수 있으면 강하게 노출되어, 육체의 특수성 속에서 파괴되어, 보편적인 근원 질서 속에 흡수되도록 하기 위해 순교자는 육체를 가능한 한 근원적 질서에 가깝게 끌어올렸다. 그러므로 순교자와 형리, 양자는 십자가에 매달린 육체가 높아지는 것에 동의한다. 물론 완전히 상이한 이유에서 출발하지만 말이다.

34

그의 피로는 경기를 마친 로마의 검투사가 가지는 피로이다. 그의 일은 관청의 한 사무실 모퉁이에다 흰색 칠을 하는 것이었다.

인간은 순간적으로 아직 모습을 감추는, 확고한 진리를 예감하는 한, 자기 자신과 세상의 본질에 대하여 환상을 가지지 않는다. 인간은 자신의 업적이 얼마나 하찮은지 알게 된다. 자신의 특성이 얼마나 평범하며, 삶에 질서를 가져오려는 그의 노력이 얼마나 비참한 것인지 알게 된다. 그의 삶은 관청의 사무실 안에서 일어나는 생활과 비교될 수 있다. 모든 습관과 행위는 일반적 규정과 규칙을 따른다. 감격은 진심에서 우러나오는 명랑함도 없고 자율적 생각조차도 없다. 대담한 도약을 행할 능력도, 숨통 조르는 분위기를 깨 버릴 신선한 악의도 결여되어 있다는 것은 두말할 나위가 없다. 의욕 없는 무수한 시간들의 황폐함이 팽배해 있다. 수많은 죄를 짓고 비겁해지며 남을 괴롭히는 모든 더러운 때, 그리고 미결된 사건의 먼지가 벽과 모서리에 묻어 있다. 이러한 상황에 놀란 인간은 정리정돈하고 청소하기 시작한다. 그러나 모서리의 먼지조차 제거하지 못한다. 그는 칠하여 때를 감추며, 저지른 업무유기를 정당화고, 다른 외관으로 가리고 존경받을 태도를 억지로 만들어 보인다. 그는 어떤 식으로든 사실보다 유능한 사람인 척한다.

경악으로부터 생긴 이런 활동들은 엄청나게 힘든 일이다. 얼마나 많은 노력이 이전의 죄를 정당화하는 데에 소요되고 있는가! 자신을 새 빛에 비추는 인간은 그가 쌓은 죄의 더미를 인식하게 된다. 그러나 변명을 해도 그 변명은 모든 때의 극히 작은 부분에만 해당되고, 오히려 그 부분마저 제거하지 못할 뿐만 아니라 눈에만 보이지 않게 해 둔 것이 되어 버린다. 이처럼 어떤 변명을 한 후에도 인간은 마치 경기를 마친 로마의 검투사처럼 기진맥진한 느낌을 받는다.

점차적으로 신뢰가 생긴 후에야 비로소 변화의 계기가 온다. 창문이 활짝 열리고 바람이 구석에 있는 먼지를 휩쓸며 사무실에 햇빛이 들어 벽이 눈처럼 하얗게 되리라는 신뢰만이 변화의 계기를 만들 수 있다.

35

소유는 없다. 다만 존재뿐이다. 오직 마지막 숨, 즉 질식을 갈망하는 존재만이 있을 뿐이다.

한 영혼에게 비밀이 열리게 되면, 그 영혼은 풍요한 삶 속에서 풍요롭게 살아간다. 한 영혼이 비밀에 마음을 닫으면, 그 영혼은 풍요한 삶의 존재를 상실하고 자신에 맞지 않는 존재상황으로 들어서게 된다. 이전에 풍요 속에서 살았고 스스로 그 풍요를 만들었던 세계는 이제 외부세계, 즉 영혼이 분리된 현상세계가 된다. 풍요한 삶은 일치의 기쁨 속에서 실현된다. 그로 인해 세계는 영혼 속에서 그리고 영혼은 세계 속에서 발전한다. 분리된 삶은 영혼이 많은 사물을 소유함으로써 풍요함에 도달할 수 있는 것이 아니라는 경험의 고통 속에서 수행된다.

영혼은 점점 더 숨가쁘게 사물을 잡으려고 손을 뻗친다. 그러나 영혼은 사물을 자기 것으로 만들면 만들수록, 세계가 영혼 속으로 들어와 활동하도록 세계에 마음을 열 수 있는 가능성을 더 상실하게 되고, 경악 속에서 더 많이 질식하게 된다. 그럼에도 불구하고 영혼은 마지막 호흡을 몰아쉬며 소유를 추구한다.

그러나 실제로 바로 이러한 소유의 질주 속에서도 영혼의 영원한 존재가 표현된다. 즉, 영혼이 세계와의 분리 없이 하나라는 지식이 표현된다. 물론 이 존재는 영혼의 본질에 적합한 방식으로 나타나지 못한다. 풍요로운 세계 대신 분열의 세계에서 스스로를 실현하려 할 뿐이다.

영혼의 이러한 결핍된 존재 속에 비밀스런 희망이 살아 있다. 그 희망은 영혼이 그릇된 존재 속에서 수많은 사물의 외형세계로 인해 숨막혀 죽음으로써 내면세계 속에서 진정한 방식으로 다시 태어날 거라는 희망이다. 그 희망은 영혼이 질식과 마지막 호흡을 갈망하게끔 만든다. 영혼이 느끼기에, 질식에 의한 죽음 속에서 외부로 향한 삶은 극단적인 강렬함, 즉 극단적인 한계에 부닥치게 된다. 이제는 격변, 즉 새로운 탄생이 일어날 뿐이다.

36

예전에는 내가 왜 물음에 답을 얻지 못하는지 이해하지 못했다. 지금은 내가 어떻게 물어볼 수 있다고 믿을 수 있었는지 이해하지 못한다. 그러나 사실 믿었던 것은 아니다. 오직 묻기만 하였다.

일상의 일로부터 위로 쳐다보는 인간은 주변의 세계가 불가사의하다고 느낀다. 그는 삶에 대한 사실과 사물의 진행이 불가사의하다고 느낀다. 이러한 불가사의함에 맞설 때 갖게 되는 자신감에는 여러 가지 등급이 있다. 성공을 확신하기 좋아하고, 이성이 담당한 역할을 의심치 않는 인간들은 그 불가사의함을 밝혀낼 수 있다고 확신한다. 그들은 현상들의 다양성을 몇 개의 유형들로 축소하고 개념으로 결합시키며, 한 현상에서 또 다른 현상을 파생시켜, 불가사의함을 현상들의 특수한 결합과 진행이라 해석한다. 그러나 다른 부류의 사람들은 그런 식으로 현상들의 존재사실을 설명할 수 없다는 사실을 적어도 감지하고 있는 상태이다. 그들은 현상들이 또 다른 현상들을 통해서 설명될 수 있는 것이 아니라, 그 현상들 속에 세계를 응집하고 있는, 모든 이의 눈에 보이지 않는 힘과 원칙들이 표현되어 있다고 추측한다. 그들 중의 몇몇은 이러한 비밀들의 단서를 잡을 수 있다고 확신한다. 자신들의 의식구조를 동화시킴으로써 비밀이 스스로 모습을 나타내게끔 강요할 수 있다고 확신하는 것이다. 그리고 그러한 노력을 통해 새로운 경험을 얻은 몇몇은 일상적 감지를 넘어서는 경험을 통해서라도 세상의 깊은 곳으로 파고들 수 있다고 확신한다.

그러나 비밀을 예감하는 영혼은 비밀이 계시 가능성을 보존하려면 자신이 점유하겠다는 어떤 생각도 완전히 포기해야 한다는 것을 잘 알고 있다. 강압적으로, 영리하게 혹은 완고하게 불러일으킨 초자연적 경험이 진리의 기만이고 왜곡임을 영혼은 알고 있다. 영혼은 만족 없이 계속 갈망하며 답을 기다릴 뿐이다.

영혼은 오랫동안 왜 답이 없는지 이해하지 못한다. 영혼은 늦게서야 스스로 만족하는 방법을 배운다. 영혼은 스스로 답을 얻을 자격이 없다는 것을 인식하는 것이다. 왜냐하면 평소의 의식은 그것이 훈련된 것이든 혹은 가꾸어진 것이든 자신의 본질과 다른 이질적인 질서와 접촉할 수 없는 것이기 때문이다. 비밀이 계시되기를 바라고 믿었다는 것이 이제는 분수에 넘치는 월권으로 여겨진다. 여기서 영혼은 이러한 월권 또한 떨쳐 버리는 것이다.

이제 영혼은 답변에 대한 믿음과 소망도 없이 오직 묻기만 한다. 질문은 영혼의 삶이고, 비밀에 대한 그리움은 영혼의 본질이기 때문이다.

37

그가 소유하고 있을지는 모르나 존재하지 않는다는 그 주장에 대한 그의 대답은 떨리고 가슴 뛰는 마음뿐이었다.

영혼의 존재는 단 하나이다 – 그러나 영혼은 두 개의 상반된 형태로 모습을 나타낼 수 있다. 그 한 가지 형태는 모든 것과 통일을 이루는 형태이다. 이러한 의미에서 존재가 뜻하는 바는 모든 삶, 각자의 삶 속에서 함께 생활하고, 모든 삶 속에서 함께 스스로를 펼쳐 나가며 삶의 흐름의 일부가 되는 것이다. 이것이 바로 진정한 존재로서 풍요한 존재이다. 그 다른 형태는 우리가 "가진다" 혹은 "소유한다"라고 부르는 상태이다. 문제는 한 존재가 혼자이기를 원하고 그로 인해 삶의 흐름에서 격리되어 그와 동시에 외부의 사물과 피조물을 분리된 사물과 피조물로 간주하는 것이다. 영혼은 사물과 피조물을 다시 자신의 몸으로 만들고 소유하기 위해 고독에 대한 경악 속에서 이러한 존재의 방식으로 사물과 피조물을 잡으려 손을 뻗친다.

존재의 덧없는 형태에서부터 진정한 형태로 이어지는 길을 걷는 영혼은 희망과 절망의 극단적인 동요에 이르게 된다. 한 번은 영혼 스스로가 소유의 상태에서도 여전히 미래의 희망을 발견하고 마지막 숨을 다하여 수천 가지 사물에 파고들어가 그 속에서 질식하며 진정한 존재 속에서 다시 소생할 수 있으리라 보는 것이다 – 영혼은 이렇게 소유 속의 모든 얽매임에도 불구하고 진정한 존재가 영혼 속에 작용하고 있음을 분명히 느끼는 것이다. 또 다른 한 번은 영혼이 자기 자신을 의심하는 것으로, 진정한 자아로 들어갈 자격이 있는지 의심하는 것이다.

영혼은 당연히 비밀의 작용들, 즉 평온함, 사물과 인간의 풍요함을 향한 보다 열린 마음, 보복과 악의에 대한 담담함을 감지했다고 믿는다. 그러나 그때 비밀의 작용이 문제가 아니라, 소유하려는, 즉 현상세계에서 도덕적 성질을 소유하려는 노력이 문제라면 어떠한가? 평온함은 길들여질 수 있는 것이고 많은 투쟁 후의 단순한 피로의 결과일 수도 있는 것이다. 인간들과 인상들을 향한 열린 마음도 객관적 감지를 위한 의도에서 비롯된 것일 수 있다. 자비와 호의도 고통을 경감하려는 노력의 산물일 수 있을 것이다 - 그 산물은 최고의 요구가 지닌 인위성 때문에 지속되지 못할 수도 있을 것이다.

그러한 성질들은 진정한 존재와 비교할 때 헛된 것이 될 것이며, 오히려 장애요인으로서 영혼 내부에 흐르는 삶을 중단시킬 수도 있을 것이다. 그리고 영혼은 스스로가 덧없는 세상에 속할지도 모른다는 쓰디쓴 의혹과 두려움 안에서 헤매게 된다. 왜냐하면 덧없는 세계의 법칙으로 만들어진 의식은 비밀의 힘들이 인간 속에서 작용하는지 그리고 그것이 어떻게 이루어지는지 파악할 수 없기 때문이다.

38

어떤 자는 자기가 얼마나 수월하게 영원의 길을 걷는지, 그것에 대해 깜짝 놀랐다. 말하자면 그 길은 다름이 아니라 아래쪽으로 질주하는 길이었다.

생각, 감정, 습관과 의지, 요구와 소원, 불안과 복수를 포함하는 존재 전체가 인간을 주변환경과 연결시킨다. 이러한 연결은 일종의 껍질처럼 인간의 삶을 에워싸고 인간 내부에 본질을 저장함으로써 인간에게 의지할 곳을 마련해 준다.

인간은 비밀의 입김, 즉 영원의 숨결에 의해 한번만 둘러싸여도 이 모든 연결과 내용이 영원으로 가는 길을 가로막는 장애물이라는 것을 알아차린다.

영원으로 들어가는 길은 두 가지이다. 의식적으로 영원을 경험하든지 아니면 의식을 상실하든지 - 즉, 영원을 경험하지 못하든지 하는 두 가지가 있다. 첫 번째 경우는 존재 전체가 변한다. 존재 전체는 "장애물"에 대한 새로운 관점을 얻음으로써 새로운 성질을 얻게 된다. 연결이 인식됨으로써 종속은 제거되고, 영혼은 더 큰 자립과 강인함으로 발전하게 된다. 여기서 강인함이란 의미는 영혼이 외부의 영향력에 의해 동요되지 않고 안정을 찾으며 영원의 숨결을 받아들일 능력이 있다는 뜻이다. 그와 더불어 장애물들은 영혼이 영원을 위해 해결책을 마련하는 과제들이 된다.

두 번째 경우는 인간이 모든 과제 및 구속을 피해 가는 것이다. 인간이 과제를 해결하지도 않고 회피하는 것이다. 이와 더불어 그는 두 가지를 맞닥뜨리게 된다. 첫째로, 지금까지 세상의 구속이 버팀대 역할을 하였으므로 그는 일단 덧없는 세상에서 발붙일 곳을 잃어버리고 환상이라는 가상세계 속으로 빠져 든다. 둘째로, 인간의 영혼이 혼자 돌아서서 조용히 평온함을 찾는 방법을 배울 수 없다. 그래서 인간의 영혼은 길 아래쪽으로, 즉 점점 더 심한 무의식 상태 속으로 질주하게 된다.

39a

악에게 분할하여 되돌려 줄 수는 없다 - 끊임없이 갚으려고 시도할 뿐이다.

알렉산더 대왕은 젊었을 때 거둔 전투의 성과에도 불구하고, 몸소

> 양성한 탁월한 군대가 있음에도 불구하고, 세계 변화를 지향하는 힘들을 마음속에 품고 있었음에도 불구하고 다르다넬스 해협에서 멈추고 건너가지 못하였다. 그 이유를 한번 생각한다면, 그것은 두려워서도 아니고 그가 우유부단해서도 아니며 의지가 약해서도 아니다. 다름 아닌 지구의 중력 때문이었을 것이다.

악이 인간에게 무엇을 빌려 주었는가? 악이 인간에게 어떤 빚을 지도록 강요했는가? 그것은 자기 자신, 즉 조급하고 태만하며 권력과 소유를 지향하는 태도이다. 악은 인간의 진정한 본질에서 나오지 않고서 인간을 지금 이 순간에도 지배하고 있다. 악은 이러한 특성을 다시 돌려달라고 요구하지 않는다. 오히려 반대로 악은 자신의 투자가 더 많은 악을 낳는 데 관심을 가진다. 인간의 안팎에서 악이 늘어나 그 빚은 점점 증대하게 된다. 그러나 바로 악의 이러한 기교가 인간에게 가장 큰 위험이 된다. 왜냐하면 인간이 악에게 점점 의존하기 때문이다.

인간은 이것을 깨닫자마자, 자신의 빚이 크고 자신의 의존도와 악이 유혹하는 강도가 높음을 깨닫는다. 자신의 빚으로부터 벗어나 자유롭기를 원할 때 비로소 악의 힘을 확실히 경험하게 되는 것이다. 그러나 그는 이제 무조건 빚을 갚으려 하고 악에게 반드시 되돌려 주어야만 한다고 생각한다. 악의 저항이 있을 수도 있지만 말이다. 어떻게 되돌려 줄 수 있는가? 인간이 악한 행동방식과 특성을 버리고 멀리하고 단절하여 그것을 악에게 되돌려 주어 악으로 하여금 물러나게끔 하는 방법이다.

인간이 이러한 가능성을 인식할 때, 또 다른 위험이 생긴다. 그는 계산하는 상인처럼 행동하는 것이다. 그가 다짐하는 바는 이러하다. '장애물을 하나씩 제거하리라. 나는 빚을 나누어 분할하여 갚으리라. 언젠가 모든 빚을 다 갚을 것이다. 모든 구속이, 다시 말해 악 전체가 소멸되고 나는 단지 좋은 특성만을 소유하게

되리라.'

그러나 이 계산하는 상인의 입장에서 비로소 악은 모습을 제대로 드러내게 된다. 악은 인간이 단계적으로 악으로부터 해방될 수 있다는 믿음을 인간에게 불어넣는다. 그리고 실제로 인간은 방해가 되는 특성을 하나씩 두려움 없이 단호하고 힘차게 버리려고 시도한다 - 인간의 본질 속에 있는 악과 악의 투자는 끝이 없다는 사실을 명백히 알 때까지 시도한다. 지불하는 분할금은 존재의 또 다른 쪽에서 만들어진 새로운 빚으로 아마 충당되어야 할 것이다.

가능성은 단 하나뿐이다. 비밀의 빛 속에서 인간 전체를 감염시킨 악의 총체성을 인식하고, 이 인식 속에서 총체적으로 악을 등지고 빛으로 향하는 가능성이다. 그리고 나면 빛이 감염을 제거하고 진정한 인간에게 다시 생기를 줄 것이다. 악과 악의 무한히 많은 측면들이 인간으로부터 떨어져 나갈 것이다. 악이 투자했던 모든 것은 악에게 되돌아가고, 인간은 악의 죄로부터 자유로워질 것이다. 물론 이것은 한꺼번에 일어나지는 않는다. 빛에 의한 악의 파괴는 점차적으로 일어난다. 그러나 악으로부터 완전히 돌아서서 빛으로 귀의해 버리는 것이 결정적인 것이다. 그것은 그 이후의 점차적인 과정이 진행될 수 있기 위한 필수조건이다. 무조건적 귀의는 한계를 넘어서기 위한 시초일 뿐이다. 그러나 적어도 시작이 이루어진 것이다.

알렉산더 대왕이 모든 경험과 모든 자신감(젊었을 때 거둔 전투의 성과), 모든 지식, 전술 및 능력(몸소 양성한 탁월한 군대) 그리고 모든 새로운 이념과 자신의 정열(세계 변화를 지향하는 힘들)을 동원했더라도 - 대담하게 결단력과 활동력을 발휘하여 자기 동경의 국가들을 정복하려 준비하였더라도 - 결국은 지구의 중력에 머물러 버리지 않았는가. 즉 악에 매여 있고 악으로부터 해방되려 하던 바로 그 노력에 의해 오히려 묶여 버리지 않았는가. 이러한 상황을 인식할 때, 그리고 힘의 영리한 분배와 악의 점차적 파괴를 통해 비밀을 정복하겠다는 모든 계획과 모든 자만을 포기할 때, 비로소 지구 중력의 구속이 완화될 수 있을 것이다.

39b

길은 무한하다. 그곳에는 뺄 것도 더할 것도 없다. 그런데 누구나 한 번씩 어린 마음에 자신의 잣대를 갖다 댄다. "반드시 너는 그 잣대의 길이만큼 더 걸어가야 할 것이다. 그 점은 너에게 잊혀지지 않을 것이다."

현상에 대한 의식의 내용은 무한히 많다. 즉 현상들 그 자체처럼 무한하다. 악은 현상세계에 침투하여 그 일부가 되어 자신의 에너지를 끊임없이 뻗친다. 악은 에너지를 뿜어 의식이 결부된 무수히 많은 형식과 상황에 전달된다. 그러나 이 의식이 모든 관계 속에서, 모든 개체와 관념 속에서 사라져야 하기 때문에, 그리고 그때 비로소 다른 질서의 의식이 힘을 얻을 수 있기 때문에 길은 무한한 것이다. 그 개체들이 무한히 많기 때문에 길은 무한한 것이다. 길은 결코 목표에 다다르지 못할 것이다.

그래도 우리는 이러저러한 연결들을 이미 끊었고, 이러저러한 길이의 길을 더 걸어야만 한다고 항상 믿는다. 왜냐하면 우리는 유한한 척도로 길을 측량하지만 그렇게 제대로 측량하지도 못하기 때문이다. 실제로는 이러하다. 측량된 모든 연결들은 소멸되어야 하지만, 어떤 연결도 잊혀지지는 않는다는 것이다.

어떤 노력도 명백히 불충분하다면 이런 일이 어떤 방식으로 일어나는가? 이것은 영원 그 자체를 통해서만 가능하다. 항상 어디든지 존재하는 영원을 통해서이다. 물론 그것은 우리의 수고와 조력을 필요로 한다. 언제 어디서 영원함이 시간의 영역으로 나타날지는 예측할 수도 바랄 수도 개입할 수도 강요할 수도 슬쩍 속일 수도 없는 것이다. 그러나 한 존재질서가 현상의 질서에 의존하지 않고 거의 눈에 띄지 않는 작용 속에서 자기 시간에 나타나 유효하게 된다면, 옛 질서는 새로운 질서가 선명하게 출현할 때까지 하나씩 하나씩 그리고 한 치씩 한 치씩 새 질서 속으로 용해될 수 있을 것이다.

40

다만 우리의 시간개념이 우리로 하여금 최후의 심판을 그렇게 부르게 만들지만, 원래 그것은 즉결심판이다.

몸은 탄력성 있는 끈에 묶여 있고, 그 끈의 다른 쪽은 땅에 고정되어 있다. 몸은 끈으로 고정된 곳으로부터 움직인다 - 멀리 가면 갈수록 몸에 미치는 장력은 더욱 커진다. 몸이 그 어떤 이동방향을 선택하면, 몸을 뒤로 잡아당기는 힘은 정확하게 그 반대방향이다. 그 반대 힘의 크기와 방향은 몸이 떨어져 있는 거리와 몸이 취하는 방향에 상응한다. 근원적 질서에서 벗어나려는 인간에게도 그 사정은 마찬가지이다. 그의 존재 전체는 이러한 질서와는 대립되어 있다. 그가 지향하는 삶의 방향이 바로 그러하다. 인간의 성격 특성은 선하든 악하든 간에 그 본성에 맞게 질서로 향하도록 요구된다.

여기에 인간이 항상 따라야 하는 심판이 존재한다. 근원적 질서가 지향하는 바는 인간이 근원적 질서에 반하는 동기를 가지고 만들었던 덧없는 질서를 수정, 폐지, 재건하는 것이다. 인간은 근원적 질서에서 벗어나면 벗어날수록,

즉 자기 자신의 질서를 만들려는 노력이 크면 클수록, 자신의 마음속에 있는 장력은 더욱 커진다. 고뇌, 병 그리고 죽음은 이러한 노력의 교정이고, 근원적 질서가 자신과 조화를 이루지 못하는 질서에 대해 영향력을 행사하는 것이다. 그러나 고뇌와 죽음만이 그런 것은 아니다. 근본적으로 볼 때, 행복한 것처럼 보이는 삶도 삶 전체는 근원적 질서의 진행에 역행하는 반작용에서 만들어진다. 인간은 그것도 모르고 그러한 반작용의 엄청난 고통을 겪는다. 인간은 자신의 고통에 무감각한 병자나 다름없다. 병의 무질서가 존재하나 이를 인지하는 능력이 부족하다. 우리의 존재 전체는 매순간 근원적 질서의 즉결심판에 놓여 있는 것이다.

우리가 전적으로 이러한 질서 속에서 생활한다면, 시간은 없고 오로지 영원만이 존재할 것이다. 왜냐하면 모든 것이 의식될 수 있고 모든 것이 동시성을 띠며 과거와 현재 그리고 미래, 즉 우리 삶 전체의 모습이 한눈으로 조망될 수 있기 때문이다.

그러나 우리가 근원적 질서를 반대하는 자신의 동기들을 발전시킬 때, 우리는 근원적 질서에 대한 자신의 의식을 잃고 자신의 동기들만을 보존할 것이다. 이러한 동기들은 전체가 아니라 단지 그 전체의 일부분일 뿐이다. 그리고 그 동기와 관련된 의식 또한 부분 의식일 따름이다. 그렇게 하여 의식에 있어서 시간이 생기게 된다. 즉 의식은 부분들을 하나씩 차례로 경험한다. 의식은 그 동기의 교정도 서서히 이루어지는 운명의 형태로 하나씩 차례로 경험하게 된다. 근원적 질서로부터 의식의 이탈과 그 이탈의 결과는 자신에게도 단계적으로 드러난다. 그러므로 인간은 이런 시간개념을 가지고 최후의 청산, 즉 죄 전체의 폭로를 시간들의 종말까지 연장하지 않을 수 없다.

그러나 인간에게 시간적 의식이 사라지고 인간이 근원적인 질서의 의식 속에서 성장하면, 인간은 최후의 심판을 - 그것은 총체적인 청산이다 - 매순간 의식적으로 경험할 수도 있을 것이다. 그때 인간은 갑자기 나락으로 추락하는 사람처럼 순식간에 자신의 삶 전체를 조망할 수 있을 뿐만 아니라, 근원적 질서의 빛 속에서 삶 전체를 평가할 수도 있을 것이다 - 인간은 자신의 덧없는 존재 전체에 내려진 사형선고를 느낄 것이다.

41

세상의 불균형은 다행스럽게도 그저 수치상의 불균형인 것처럼 보인다.

화폐의 숫자적 가치는 다른 화폐와 비교할 때 더 높을 수도 더 낮을 수도 있다. 그럼에도 두 화폐가 동일한 구매력을 가질 수도 있다. 화폐의 소유자가 화폐를 현실에 내놓고 그 구매력을 시험해 보면 화폐의 실질적 가치가 그 소유자에게 나타나게 된다.

능력, 특성 혹은 사건 등의 가치를 결정하려면, 정확한 지향점을 찾는 것이 중요하다. 사물의 외관으로부터 읽어 낼 수 있는 가치가 반드시 그 실제적 가치는 아니다. 가치는 외적 성과라는 척도로부터 나온다. 그 척도란 사물이 즐거움, 소유 그리고 권력에 어떤 기여를 하느냐이다. 다른 척도로 본다면 사물은 완전히 달리 평가될 수 있다. 보다 높은 숫자, 보다 큰 성과, 보다 많은 소유의 척도에 따르면 인간들 사이의 행복과 불행은 매우 불공평하게 분포되어 있다. 물론 세상 전체를 본다면, 불행이 행복보다 훨씬 우세하다고 해야 할 것이다. 개별적 삶을 볼 때도 괴롭고 불쾌한 사건들이 유쾌하고 평온한 사건보다 훨씬 더 많은 것처럼 보인다. 무엇보다 인간의 태도와 체험과의 괴리가 눈에 띈다. 이를테면 "악한 자"는 더없이 좋은 상황에서 살아가면서 권력과 부의 모든 이점을 누리는 반면, "선한 자", "품위 있는 자"는 자신의 좋은 태도 때문에 오히려 처벌받고 있다. 여기서 어떻게 정의, 즉 존재와 운명의 일치를 찾을 수 있겠는가? 이러한 불균형은 사물의 표면, 즉 양만 보고 심층 속에서 일어나는 과정 그리고 연관된 질서를 알지 못하는 자에게만 명백하게 존재한다. 세상은 그저 균형 속에서 존재하지 않을 수 없다. 그렇지 않다면 세상은 이미 오래 전에 붕괴되었을 것이다. 고뇌와 파멸은 근원적 질서의 위반에서 비롯된 결과이다. 고뇌와 파멸은 다름 아닌 그 위반의 교정이다.

우리가 언제 이러한 위반이 일어나며 어떻게 일어나는지를 일시적으로 인식하지 못할는지는 모른다. 하지만 그 교정의 종류와 크기는 정확히 위반의 크기와 방향에 상응한다. 사건의 평가를 위한 정확한 지향점은 영원의 질서이다. 영원의 질서의 관점에서 볼 때, 모든 것은 공평하고 제자리에 놓여 있다.

그러나 위반과 교정 사이에만 정확한 상응관계가 있는 것은 아니다. 정의와 자비 사이에도, 분노와 사랑 사이에도 정확한 상응관계가 존재한다. 정의가 바로 자비이다. 왜냐하면 모든 교정에는 통찰의 가능성이 결부되어 있고, 모든 교정은 잘못이 어디에 있는지에 대한 통찰, 근원적 질서의 법칙이 어디에 있는가에 대한 통찰을 목표로 하기 때문이다. 이로부터 인간이 다시 질서와 조화를 이루고, 잃어버린 조화를 다시금 얻을 수 있는 가능성이 생겨난다.

42

혐오와 증오로 가득 찬 머리를 가슴에다 떨군다.

성공의 척도에 따라 자신의 삶을 측정하는 인간이 이 세상과 자기 자신에 대한 증오와 혐오를 불러일으킬 수 있다. 그는 자신의 기대가 되게끔 만들었던 세상의 기대에 직면하여 자신의 실패, 무가치, 부족을 확인하게 된다. 세상의 기대가 너무 높았고 세상이 자신의 미약한 힘에 도움이 되지 않았기 때문에 인간이 실패의 책임을 세상에다 돌린다면, 자신의 비난은 세상에 대한 증오와 혐오로 변하게 된다.

인간은 또 하나의 다른 척도를 마음속에 간직하고 있다. 자기 자신과 세상을 판단할 이 다른 척도는 다름 아닌 인간존엄의 척도이다. 인간은 이 존엄이라는 말을 아마도 관습상 규정에 따라 알맞은 생활수준, 물질적·사회적 행복의 가능성 그리고 사회적 인정으로 아마 이해할 것이다. 인간은 이 척도를 가지고도 자신의 삶이 파산상태에 있음을 확인하게 되고, 수치스러운 상태에 놓인 이 세상과 자기 자신을 증오와 혐오로 맞게 될 것이다.

그러나 인간과 세상의 지고한 존엄은 근원적 조화 속에 이루어지는 삶일 것이다. 인간에게 이러한 존재상태의 가능성과 필연성에 대한 예감이 와 닿을 때, 인간은 그 예감의 빛 속에서 모든 것을 보게 된다. 즉 인간은 세상이 이러한 존재상태로부터 얼마나 많이 벗어나 있는지 인식하게 되고, 다시 이 세상에 대한 증오와 혐오가 인간을 엄습할 수 있다. 인간은 자기 자신이 이러한 존재상태로부터 얼마나 많이 벗어나 있는지 인식하게 되고, 다시 자기 자신에 대한 증오와 혐오가 인간을 엄습할 것이다.

이런 종류의 모든 증오와 혐오는 인간의 마음속에 구별되기 어려울 정도로 서로 뒤섞여 있을 수 있다.

그러나 증오와 혐오가 오로지 이 세상이 기대하는 바가 너무 크기 때문에 야기되는 것이라면, 증오와 혐오는 지속될 것이고 자기파괴의 형태로나 혹은 인간에 대한 폭력의 형태로 악한 결실을 맺을 것이다.

그러나 증오와 혐오가 새로운 빛의 토대 위에서 생긴다면, 그리고 이 빛이 세계와 자기 자신을 바라보는 토대가 된다면, 다른 세계질서에서 비롯된 이 빛은 서서히 인간에게 자신에 대한 증오와 혐오가 지속될 수 없는 것임을 보여 줄 것이다. 그때 인간은 수치심을 느끼고 후회한다. 인간은 자기 자신이 빛으로부터 단절된 인간이고 더 이상 존재의 정당성을 가지지 못하며, 그와 더불어 증오와 혐오도 근원이 어디든지 상관없이 이 빛 앞에서 더 이상 존재의 정당성을 가지지 못한다는 의식을 가지게 된다. 그리고 이러한 의식은 서서히 신뢰로 변한다. 빛 속의 증오와 혐오는 햇볕 속의 얼음처럼 녹아 버릴 것이라는 신뢰로 변한다. 빛에다 자신을 내맡길 각오의 표시로서 인간은 머리를 가슴에 떨구는 것이다.

43

> 아직 사냥개들은 마당에서 놀고 있다. 야생동물들이 지금 숲을 헤치며 질주한다 해도 그 사냥개를 피하지는 못할 것이다.

끈기 없이 변덕스럽게 흔들리는 것이 영혼이다. 영혼이 모든 죄, 폭력 그리고 비난을 해결하는 순수한 빛에 조용히 비추이면서 한순간 평온함을 되찾았을지라도 - 영혼은 이러한 빛으로의 귀의를 다음 순간에 벌써 견디어 내지 못하고, 자신을 삶 속에서 소생하게 만드는 고집의 죽음에 대해 두려움을 느낀다. 영혼은 견딜 수 없는 두려움에 자기방어, 부단한 노력 그리고 자기도취의 덤불 속으로 달아난다. 예전에는 이롭고 행복을 가져오는 빛이었던 것이 이제는 두려워서 자신의 마음을 닫고 도망만을 고집하는 영혼에 있어서 재판관이 되어 버린다. 영혼이 아직은 도피에 성공하고 자신의 예감을 마비시킬 수 있다. 그러나 영혼은 빛의 사냥개들이 자신을 뒤쫓을 거라는 사실을, 그들의 재판관을 벗어날 수는 없다는 사실을 알게 된다. 영혼이 제아무리 선하려고 노력하고, 세상을 선하게 만들려고 노력할지라도, 제아무리 자신의 선한 의지와 업적을 방패로 삼아 숨으려고 할지라도, 언젠가는 붙잡혀 재판이 시작되리라는 것은 명백한 사실로 드러난다. 그런데 도대체 무슨 재판인가? 재판은 인간이 가련하고 고집스럽고, 자신을 빛에 내맡기기를 거절하고 있는 자기 자신과 세상을 인식하게 되는 거울인 것이다. 그때 인간이 머리를 가슴에 떨구고 자신을 빛에 내맡긴다면, 그는 재판을 받게 된다. 분노의 재판이 아니라 자비의 재판이다. 그 재판은 구원이 되고 인간의 본질 전체가 새로운 방향으로 향하게 된다. 새로운 삶이 인간에게 나타나 모든 두려움이 사라지게 된다. 그런데 왜 이러한 재판에 두려움을 가진단 말인가?

그럼에도 인간은 진정으로 쫓기어 질주하는 두려움을 지니고 있다.

44

우스꽝스럽게도 너는 이 세상의 멍에를 스스로 졌구나.

또다시 인간은 자기 자신을 공략한다. 이제는 자기 자신과 빛 사이에 두는 것은 자기 자신에 대한 경멸이다.

이러한 경멸에 대한 이유는 존재하는 것처럼 보인다. 인간이 빛을 접하고 그 빛에 비추어 세상의 어리석고 무의미하게 화려한 모습, 그리고 자기기만과 허영심을 보았을 때, 세상을 경멸하는 것 외에 또 무엇이 있겠는가? 인간이 세상에 깊은 감명을 주기 위해 얼마나 어리석게도 거드름을 부리며 허식을 펼쳐 보이고 있는지를, 그리고 얼마나 인간이 경멸적인 세상의 관습에 맞추어 명성을 얻자마자 우쭐하게 뽐내며 자신이 이 명성으로 본질적인 무엇인가를 달성했다고 스스로를 속이는지를 이 빛에 비추어 알게 된다면, 인간은 자기 자신, 즉 경멸해야 할 권위를 좋다고 생각하고 그것을 자랑하는 데 큰 비중을 두는 그런 인간을 경멸하는 것 외에 또 무엇을 할 수 있겠는가? 자기 자신에 대한 경멸과 조롱을 토로하는 게 너무 당연하지 않은가? 왜냐하면 인간이 가련한 세상살이를 꿰뚫어 보고서도 세상의 판단에 굴복해야 하고 자신의 의지에 반하더라도 세상의 통상적 규칙에 따라야만 하기 때문이다. 세속적 쾌락과 그에 부응하는 자신의 쾌락에 대한 경멸을 가지고 조용히 빛을 향할 수 있다면, 분명히 그 조롱은 기쁨으로 바뀌게 될 것이다. 현존한다는 기쁨, 그리고 빛 속에 존재한다는 기쁨이 생길 것이다. 이 기쁨은 세상의 색채를 보기 위한 눈이 존재하고, 세상의 소리를 듣기 위한 귀가 존재하고, 인간의 고통을 느끼기 위한 심장이 존재하고, 인간을 사랑으로 연결하는 힘이 존재하고, 인간들과 조화롭게 살기 위한 인식이 존재한다는 것에 대한 기쁨이다.

45

> 수레에 말을 많이 매달수록 수레는 더 빨리 달린다 - 물론 토대로부터 바위 덩어리를 통째로 뽑아내는 것은 아니다. 그것은 불가능하다. 오히려 수레를 끌 가죽끈이 끊어져 텅 빈 채로 즐겁게 달리는 것이다.

인간은 땅에서 떼려야 뗄 수 없이 굳게 결합되어 있다. 인간은 바위 덩어리처럼 땅속 깊이 박혀 있다. 땅에서 벗어나려는 것은 불가능하다.

물론 땅과 인간의 이러한 결합에도 여러 가지 종류가 있다. 또 그 종류가 변할 수 있는 가능성도 있다.

보통 그 결합의 본질은 땅과 인간이 서로 부둥켜안고 있는 것이다. 인간은 공포와 탐욕으로 땅에 달라붙어 있다. 땅의 보호에 의한 안전을 희망하고 땅의 우세를 느끼며 그 위력에 굴복하여, 그 힘을 자기 것으로 만들려고 노력한다. 땅의 매력과 위협은 정반대이다. 그것은 인간의 마음속에 희망, 충동 그리고 공포를 불러일으키지만, 그만큼의 사슬이 되는 것이다. 땅은 인간을 묶어 구속시키는 사슬이다.

이러한 어두운 감옥으로부터 해방될 수 있는 가능성을 예감하는 인간은 이 세상에서 빠져 나오려고 온 힘을 다한다. 그는 엄청난 힘과 노력으로 땅의 구속으로부터 벗어나려고 애쓴다. 그의 마음과 생각은 땅의 구속을 뿌리치기 위해 영원의 법칙으로 향한다. 그가 세상의 문제를 그대로 놓아둠으로써, 즉 가죽끈을 끊어 버림으로써 이런 일을 해낼 수 있는 것처럼 보일 수 있다. 그러나 사실 그는 토대에 놓인 바위 덩어리에, 즉 대지의 몸체 안에 있는 자신의 몸 덩어리에 묶여 있다. 그런데 그는 이 사실을 깨닫지 못한다. 인간은 이제 헛된 해방과 환상의 가벼운 공간 속에서 의식을 가지고 움직이며, 공허하고 즐거운 여행 속에서, 즉 계속적인 의식의 소멸 속에서 영원의 길을 질주해 내려간다.

어두운 감옥에서 해방될 수 있는 가능성은 이 세상의 구속을 변화시키는 데에 있다. 이 세상의 구속은 우선 자유에 대한 장애물로 인식되어야 한다. 그리고 나서 무엇보다 이 구속으로부터 도망치지 않고 그 구속을 새로운 관계로 대체하는 것이 중요하다.

불안과 탐욕의 구속이 영원의 힘으로부터 소멸되고, 새로운 종류의 구속이 그 자리를 대신한다. 새로운 종류의 구속이란 세속적 사물의 본질에 대한 인식,

즉 세속적 사물이 영원의 표현이긴 하지만 불완전하고 타락한 표현이라는 인식이다. 영원의 법칙에 따라 살면서 폭력을 행사하지 않고 사물이 그들의 진정한 법칙을 따르도록 만드는 책임감이 이러한 인식으로부터 생긴다. 대지에 대한 이러한 책임감 속에서 인간은 비로소 자유로워진다. 즉, 인간의 자유는 한편으로는 인간이 영원의 법칙에, 또 다른 한편으로는 대지에 대한 책임감에 구속됨으로써 비중과 내용을 가지게 된다.

46

"있다"라는 말은 독일어에서 두 가지 뜻이 있다. 즉 존재라는 뜻과 그에 속함이라는 뜻이다.

모든 존재들의 존재가 스스로 그리고 그 자체로 이루어지는 것이 아니라 더 높은 질서로부터 정당성을 인정받아야 한다는 것은 모든 존재들에 해당되는 사실이다. "있다"라는 말에는 벌써 높은 것에 귀속함이란 성질이 부여되어 있다. "있다"는 보다 광범위한 관계들로 이루어진 삶이다. 존재의 삶은 이런 관계들에 속하게 되고, 이런 관계들의 덕택으로 자신의 근원과 의미를 가지게 된다. 이러한 사실을 부인한다고 해서 그 사실 자체가 달라지는 것은 아니다.

물론 노예의 존재와 자유인의 존재가 있다. 이 두 가지 존재가 매번 속하게 되는 "그"는 각기 다른 "그"이며, 또한 속하는 방식도 다르다.

노예는 자기 주인의 법을 겁내며 살아간다. 그는 전체를 조망할 능력이 없고 자신이 전체에서 차지하는 기능의 중요성을 알지 못하며, 자기 주인의 명령에 대해 스스로 책임감을 느끼지 못한다. 오직 명령의 수행에만 책임감을 느끼고 그 수행에만 관심을 가진다. 왜냐하면 처벌만을 두려워하기 때문이다. 이러한 노예적 존재의 삶을 살아가는 자의 주인은 신이며, 그 신이 자신의 모습대로 그를 창조했다. 노예근성이 어떻게 자신의 신을 달리 생각할 수 있겠는가? 소유하기를 원하고 명령하며 자신에게 고분고분한 자만을 좋아하고, 자신을 좋아하지 않으면 실망하는 주인 외 다른 어떤 주인을 생각할 수 있겠는가? 이런 인간은 항상 벌을 주는 정의의 그물에서, 혹은 처참한 자비의 그물에서 허우적거릴 것이다.

그러나 자유인의 존재는 자유 속에 존재하는, 그리고 인간을 자유의 길로 불러들이는 큰 전체의 일부분이 인간이라는 인식과 경험에 근거하고 있다. 자유인은 전체와 전체의 법칙에 대한 통찰력을 획득하였고, 전체에서 차지하는 자신의 기능을 인식하고 있으며, 전체에 따라, 전체를 위하여 책임감 있는 작용을 한다. 자유인은 근원적 자유에서 제몫을 하는 한 부분이다. 그 근원적 자유로부터 모든 존재가 솟아오르고, 그곳으로 다시 모든 존재가 수용된다. 자유인은 자유에 속하고 그 존재는 자유에 의해 규정된다. 그러므로 자유인은 '그' 안에서, 즉 근원적 자유 안에서 자유인으로서 사는 것이다.

노예도 자유에 도달하려 원할 것이다. 감히 자유를 제 것으로 만들려고 하는 것이지만, 결국은 자신의 노예근성, 즉 자신의 사소한 욕망을 전체에 강요하려는 것이다. 노예는 노예적 종속성을 부인할 수도 있고, 지나치게 극단적일 수도 있으며, 보다 더 높은 질서에 순응하는 것을 거부할 수도 있다. 그러나 노예는 거기서 자유로운 것이 아니라, 종속에 대항하면서도 자신의 노예존재, 즉 땅 속의 바위 덩어리에 묶여 있는 것이다.

자유인의 존재는 힘들여 쟁취된다. 노예는 자신이 어떤 주인에게 속해야 할 것인지, 어떤 주인에게 복종의 의무가 있는지를 알아야 한다. 즉 다른 노예에게 속해서는 안 된다. 스스로 창조해 낸, 그리고 자신의 관념대로 만들어 낸 주인이 아니라, 자유 속에 사는 자유인에게 속해야 한다. 노예가 자유인에게 복종한다면, 공포심, 소유욕 그리고 책임회피와 같은 노예기질을 서서히 버릴 수 있을 것이다. 그 시발점은 전체의 근원적 질서가 주는 위안과 해방의 숨결에 마음의 문을 여는 것이다. 바로 여기서 의식이 생긴다. 자유의 길로 불려 들어가는 인간은 다시 '그'에게, 즉 세상을 짊어지고 발전시키는 자유에 다시 속하기 위해서 자신이 어떻게 되어야 하고 어떻게 해야 할지 깨닫게 된다.

47

그들에게 왕이냐, 왕의 파발꾼이냐 하는 선택이 주어졌다. 모두들 어린아이처럼 파발꾼이 되려고 했다. 그래서 온통 파발꾼들뿐이다. 숲 속을 이리저리 질주하며, 왕이 없으므로 의미도 없는 메시지들을 서로 외쳐 대는 것이다. 그들은 자신들의 가련한 삶에 종지부를 찍고 싶어하지만 자신들이 맹세한 직무서약 때문에 감히 그렇게 하지 못하고 있다.

그 선택은 안전하고 품위가 있고 근원적 세상법칙과 자율적인 일치를 이루는 존재냐 아니면 변하고 또 변하게 되어 있는 삶, 즉 근원적 세계를 위한 덧없고 변덕스러운 기호일 뿐인 현상과 관념의 나라에 존재하는 삶이냐 하는 선택이었다.

인간에게 왕의 존재냐 아니면 노예, 즉 파발꾼의 존재냐 하는 선택의 기회가 있었다. 왕의 존재란 근원적 힘에 의해 생산된 인간들이 자유롭게 근원적 법칙과 더불어 일하며 그 법칙을 드러내 보였던 존재이다 - 노예, 즉 파발꾼의 존재란 변화하는 현상들과 표상들로 이루어지고 이 현상과 표상들과 더불어 변화하면서 덧없는 이 세상을 헤매며 그 현상들을 근원적 세계의 이해할 수 없는 수수께끼 같은 기호로만 여겨야 했다.

인간은 어린아이가 하는 식으로 유동적인 사물의 재빠른 유희에 마음을 빼앗기고 그 놀이에 몰두하였다. 그리고 왕의 존재가 가지는 위엄을 인식하지 못하고, 우주의 법칙을 자율적으로 인식하여 적용하는 삶을 거부하였다.

이제 모두가 관념의 세계에서 살고 있기 때문에 그 누구도 그 기호가 어떤 메시지를 전달하는지 알지 못한다. 그럼에도 불구하고 인간들은 어린아이의 진지한 마음으로 메시지들을 서로 외쳐 대지만, 그 메시지에 의미가 있는지도 모르고 외칠 뿐이다. 인간은 열광적으로 종교적, 이념적 체계를 세우고 서로 자기 것이 진리라고 공포하지만, 진리 그 자체를 경험하지는 못한다. 이렇게 인간은 절망의 상태에 빠지고 노예의 비참한 존재로 타락한다.

그럼에도 파발꾼은 왕권, 즉 전혀 다른 존재의 가능성과 "직무서약"을 통해 관계를 맺는다. 파발꾼은 현재의 노예적 존재도 인식하지는 못하나 더 높은 세계, 즉 왕의 세계로부터 틀림없이 나오는 그 어떤 의미를 가지고 있을 거라고 예감한다. 그 때문에 인간은 감히 자신의 삶을 버리지 못하는 것이다.

파발꾼의 존재의미는 그 존재가 보다 높은 왕의 세계로 귀환하기 위한 시발점이 될 수도 있다는 것이다. 보다 높은 세계와의 결합은 우선 아무것도 모르고 복종하는 것이다. 그러나 바로 이 복종 속에 무엇이 왕, 즉 자유인인가를 점차적으로 이해할 수 있는 기회가 있다. 바로 이 이해 속에 왕의 존재를 행할 수 있는 기회가 있다. 바로 이 행동 속에 왕권 그 자체를 실현할 수 있는 기회가 있다. 이렇게 파발꾼은 비록 엄청난 부조리 속에서 직무서약에 충실하더라도, 원래의 선택을 되돌려 자유로운 왕이 될 수도 있는 것이다.

48

진보를 믿는다는 말은 그 진보가 이미 이루어졌다고 믿는 것은 아니다. 그렇다면 그것은 믿음이 아닐 것이다.

믿음은 인간 삶의 원동력, 즉 긍정 그 자체인데, 긍정의 방향은 일시적으로 전혀 정해져 있지 않을 수 있다. 그러나 긍정은 현재의 삶에만 관련하는 것이 아니라 훨씬 포괄적이다. 현재의 삶은 긍정이 향하는 많은 내용들 중의 하나일 뿐이다. 긍정은 현재의 단순한 삶을 초월한다. 이러한 사실은 무엇보다 믿음을 가진 자가 어떤 이상을 위하여 자신의 삶을 희생할 수도 있다는 사실에서 분명해진다. 그래서 긍정은 근본적으로 인간의 마음속의 영원, 즉 불멸의 행위이다. 이러한 방식으로 불멸도 제 모습을 드러내 보이는 것이다. 믿음은 불멸의 행위인데, 불멸은 스스로를 발전시키고 의식을 되찾으며 자의식을 얻고 스스로를 경험하려 시도한다 – 믿음은 결국 이렇게 실현하는 의식의 전 단계이며, 미래의 상태를 아직은 불명확하게 선취하는 것, 즉 더듬어 나가는 것이다.

그러나 불멸의 이러한 행동은 현상계에 속하는 인간과의 관계 속에서 잘못된 활동영역에 빠져 버렸다. 이제 불멸의 행동은 에너지를 다 소모하고 더 이상 자신의 의식으로 되돌아올 수 없는 그런 활동영역, 즉 관념과 동기의 활동영역에 빠져 버렸다. 이러한 잘못된 활동영역에서 불멸은 의식을 되찾으려 하지만 사슬에 묶여 질식할 따름이다.

인간이 이러한 사실을 깨닫자마자, 불멸의 활동인 믿음은 추가적 성질과 강도, 즉 파멸될 수 있는 속성 때문에 불멸의 발전에 부적합하며 불멸의 발전, 즉 믿음의 실현을 방해하는 세상과 상태 속에 인간이 살고 있다는 경험을 얻게 된다.

그리하여 믿음은 물에 빠진 자가 공기를, 즉 공기에 의한 구원을 믿는 것처럼 되어 버린다. 믿음은 어떤 새로운 활동영역에 대한 동경으로 절망하고 만다. 그러나 그 활동영역이란 무상함이 온통 감싸고 있어 닿지 못하는 영역이다. 믿음은 모든 숨구멍과 폐를 열어 놓고 영원의 공기를 마시기 위한 것을 의미한다.

믿음이 이러한 방식으로 체험될 때, 실제로 인간이 그 속에서 숨쉴 수 있는 새로운 활동영역이 인간의 삶으로 유입된다면, 그것이 진보로 간주될 수도 있을 것이다. 불멸인 비밀이 제 모습을 드러내면, 진보는 이중적 의미에서, 즉 비밀이 인간의 의식에게 제 모습을 드러낼 때 그리고 비밀이 인간의 의식 속에서 스스로를 의식하게 될 때 존재한다. 이로써 진보는 믿음의 지양이고 더듬어 나감의 지양이며, 절망적 동경을 성취함으로써 그 동경을 지양하는 것이다. 진보가 이미 이루어졌다면, 그 진보는 더 이상 믿을 수 있는 것이 아니다. 그 진보는 경험될 것이다.

어떻게 인간이 "진보가 이미 이루어졌다고 믿을" 수 있는가? 이는 오직 믿음의 위조를 통해서만이 가능하다. 즉 인간이 영원을 현상계에서 실현하고 경험할 수 있다는 성급한 희망 속에서 덧없는 현상들의 영역에 뛰어듦으로써 가능하다. 이제 인간은 진보를 자기 세계의 영역에서 개선될 수 있는 것처럼 보이는 모든 것이라고, 즉 기술적·의학적·사회적 업적 또는 개인적 통찰력이나 능력의 증가와 같은 것으로 이해한다. 스스로 의식을 되찾으려는 영원함이 무상에 투영되어 무한한 시간의 흐름이, 즉 영점의 지점에서 시작하여 정할 수 없는 미래의 이상을 향하는 발전이 되어 버린다. 그 이상은 항상 그저 접근하며 다가갈 수만 있을 뿐이다. 이러한 시간의 흐름에 인간은 한 자리를 차지하고, 그 시간의 흐름과 더불어 과거가 주어진다. 그리고 현재까지 이르는 진보 또한 주어진 것이다. 이런 식의 진보가 시간 속에 있음을 믿는 자라면, 진보가 이미 이루어졌다는 것을 믿을 수도 있을 것이다. 그러나 이것은 어떤 개선이 무상의 영역에 있음을 아는 경우든지, 아니면 특정한 변화 속에 실제로 어떤 개선을 논할 수 있음을 추측하는 경우이다. 이 두 가지 경우에 있어서 믿음은 원래의 의미에서 작용하지 않는다.

49

A는 대가이고 하늘은 그의 증인이다.

비밀의 효력을 무조건 믿을 때, 비로소 그 비밀이 제 모습을 나타낼 가능성을 여는 것이다. 그러나 인간은 바로 이렇게 믿지 못한다. 일단 인간은 비밀이 제 모습을 나타내게 하려고 훌륭한 방법을 적용한다. 즉 자기 진정의 방법 혹은 감격적인 고양의 방법, 금욕의 방법 혹은 신비주의적 열광의 방법, 집중의 방법 혹은 자기 발산의 방법 등을 적용한다. 때로는 자기 자신에게 몰두하여 스스로를 비밀에 적합한 자로 만들 수 있다고 확신하기도 하고, 때로는 비밀에 부적합한 자신의 무능을 인정함이 비밀의 계시로 이어질 수 있다고 희망을 갖기도 한다.

이러한 인간의 태도는 인간이 비밀의 계시를 크나큰 행복으로 학수고대하고 있는 한 마찬가지이다.

인간은 자기 자신의 본질에 대한 재판, 즉 이러한 계시를 의미할지도 모를 재판을 예감할 때, 기발하게도 이러한 재판이 유효하지 않도록 만들 것이다. 인간은 재판관 앞에 엎드려 은총을 얻기를 애원하거나, 자기의 좋은 면들을 노골적으로 나타내며 나쁜 면들을 변호할 것이다. 혹은 자신의 좋은 특성도 부인하며 자기 비하의 효과에 기대를 걸 것이다. 이러한 모든 수단을 동원하여 적어도 순간적으로나마 재판을 능숙한 행위로써 피해 나갈 것이다. 이렇게 인간은 비밀을 자기 존재의 언저리, 즉 자신의 외부로 옮겨 놓고 그곳에다 보존할 것이다.

그리하여 비밀은 인간의 마음속에서 계시하면서 그리고 변화시키면서 작용할 기회를 갖지 못할 것이다.

오히려 인간은 비밀, 즉 하늘이 지켜보고 자신을 바라본다는 의식 속에서 항상 방종과 광란의 행위를 한다. 인간은 이러한 상황으로부터 심지어 만족을 이끌어 내며, 절망 속에서도 능숙함에 대한 자부심을 느낀다. 인간은 망상에 빠진 채 하늘이 자기를 감탄하거나 동정하면서 바라본다고 생각한다.

그러나 인간은 결국 자신의 광대극 속에서 지치고 그의 능숙함도 마비 되어, 하늘이 거리를 두고 그저 증인으로 머물지 않고 인간의 마음속으로 파고들 기회를 가질지도 모른다.

50*

인간은 자기 내면에 존재하는 불멸에 대하여 지속적인 신뢰를 갖지 않고는 살 수 없다. 그때 불멸뿐만 아니라 신뢰도 그에게 언제까지나 감추어져 있을 수 있다. 이렇게 감추어진 것을 표현할 수 있는 가능성 중의 하나가 인격적인 신에 대한 믿음이다.

인간은 두 세계의 시민이다. 즉 불멸의 세계의 시민이자 덧없는 형상의 세계의 시민이다. 일반적으로 인간은 형상의 세계만을 의식한다. 그의 믿음은, 즉 불멸에서 자라나는 삶의 원동력은 완전히 낯선 영역인 형상의 세계로 쏟아져 들어가 그곳에 매여 있게 된다. 그럼에도 불구하고 인간은 자기가 속하는 불멸의 세계가 있음을 은밀히 확신하고 이 불멸을 믿는다. 인간은 사실 불멸과 그에 대한 신뢰없이 살 수 없다 - 아니 그의 삶은 형상의 세계에서 어떤 근거도, 어떤 추진력도, 어떤 발전의 가능성도 갖지 못할 것이다. 삶이 존재하지도, 그가 존재하지도 못할 것이다.

그러나 믿음의 에너지가 물려받은 영역인 불멸의 세계 속에 머물러 동화되는 대신에 무상함의 세계로 쏟아져 들어가기 때문에, 불멸의 세계는 그리고 그와 관련되고 그로부터 생겨난 믿음은 인간에게 감춰져 있다. 믿음의 에너지는 오히려 형상의 세계에서의 믿음으로, 즉 그 형상에 대한 믿음으로 나타난다. 그때 이 믿음이 비밀리에 알고 있는 불멸은 무상함의 세계에 있는 것으로 잘못 여겨진다. 그런데 이 불멸은 모든 덧없는 형상이 아니라 선호하는 형상에 있는 것으로 잘못 여겨진다.

이렇게 자신의 인격이 덧없는 세계에 있는 하나의 형상임에도 그 인격에 영원한 삶을 부여하는 인간들이 있다.

또 다른 인간들은 좀 더 노련하고 통찰력 있게 무상함의 세계에 존재하는 가시적인 것을 불멸로 여기지는 않는다. 그러나 그들은 보이지 않는 형상들을 스스로 만들어 낸다. 예컨대 진보라든가, 혹은 인격적 신과 같은 것을 만들어 낸다. 그 형상에 영원과 완벽의 속성을 달아 주고 그것을 믿음의 지향점으로 내세우는데, 이것은 그들이 좀처럼 통찰해 내기 어려운 착각일 뿐이다. 왜냐하면 허구는 덧없는 현실의 해체하는 힘을 회피하기 때문이다. 그래서 사람들은 모든 것이 산산조각 난다 할지라도 허구에 매달린다. 변하는 현상들이 허무하면 할수록, 사람들은 오히려 허구에 불멸의 성질을 더 많이 부여하게 된다. 허구는 불분명함에도 불구하고 인간 내면에 있는 진정한 불멸이 외부 세계로 투영된 것이며, 이로써 불멸의 표상처럼 작용한다. 가시적인 형상을 갈망하는 의식에는 이러한 가시적인 형상이 얼마나 설득력이 있는가! 그에 반하여 보여질 수 없이 비밀로 남아서 모습을 드러내지 않는 불멸과 함께 살아야 한다는 것은 얼마나 어려운가!

그러나 불멸이 모습을 드러내기 위한 전제조건 중 하나는 바로 허구의 정체를 폭로하는 것이다. 허구에 고정된 시선, 즉 허구를 가능케 하는 그럴듯한 근거를 포기하는 것이다.

51*

밤의 중개가 필요했다. 즉 악은 인간을 유혹할 수는 있지만 인간이 될 수는 없다.

불멸의 것은 진리, 즉 법칙이다. 진리의 표현과 형태는 파멸될 수도 있다. 형태는 적합한 것일 수도 적합하지 않은 것일 수도 있고, 법칙의 외적 공식은 그릇된 것일 수도 옳은 것일 수도 있다. 진정한 인간은 진리 속에서 살고 있으며, 그 때문에 파멸될 수 없다. 그는 독자적이고 의식적인 사고, 의지, 느낌, 행위라는 거울 속에서 자신을 표현한다. 이러한 표현은 적합한 것일 수도 적합하지 아닌 것일 수도, 옳은 것일 수도 옳지 않은 것일 수도 있다. 의식의 거울이 전적으로 근원과 일치할 경우에, 사고에게는 진리가 그리고 인간의 의지에게는 우주의 의지가 스스로를 알리게 된다. 그리고 행위는 근원의 법칙에 따라 이루어지게 된다. 그때 인간은 존재에서뿐만 아니라 표현에서도 불멸과 일치하게 된다. 인간은 선 안에서 살고 선에 따라 살아가며 선을 계시하게 된다.

의식의 거울이 근원과 일치하지 않을 경우, 사고에 있어서 진리는 비뚤어지고 표상이 된다. 우주적 의지로부터 고집이 생기며, 행위가 근원적 법칙과 일치하지 않게 된다.

결국 악은 신성불가침의 진리영역인 선의 영역에 존재하는 것이 아니라 표현의 영역에 존재하는 것이다.

즉 악은 의식의 거울을 일그러뜨리는 것이다 – 즉 성급함이다. 여기서 나오는 결과들은 – 즉, 근원과 관련이 없는 관념, 동기, 고집이 악하다. 이것들은 악하다. 왜냐하면 이것들이 근원과 관련이 없기 때문이며, 자기 비중을 점차 증가시켜 인간이 독자적 의식과 진리 사이의 조화, 즉 거울과 근원 사이의 조화로 되돌아가지 못하도록 가로막기 때문이다.

진정한 인간은 불멸, 즉 선이기 때문에 악은 인간이 될 수 없다. 그러나 악은 표현과 형태의 영역에서 인간을 유혹할 수 있고 의식의 거울을 일그러뜨릴 수 있다. 그리고 악은 인간을 그릇된 관념, 동기, 행위로 제약할 수 있어, 인간의 의식은 나타나 보이는 형식에만 반응하고 근원을 위한 거울로서는 더 이상 작용할 수 없게 된다. 그래서 악은 외형적으로만 보면 인간에게 완전한 승리를 거둔 것이다. 그때 인간의 근본적인 본질, 즉 진리는 더 이상 자기표현을 하지 못하고 프로크루스테스의 침대에서처럼 강압적으로 짜 맞춰진다. 그럼에도 불구하고 진정한 본질은 죽지 않았다. 거울이 다시 깨끗해지는 대로 언젠가는 적절한 표현을 찾게 된다.

그렇다면 악은 무엇을 통하여, 인간의 어떤 특성을 거쳐서 인간에게 침투하게 되는가? 자신의 독자적 의식인 근원의 거울을 통해서, 즉 뱀을 통해서이다. 의식은 근원을 이해할 수 있는 능력을 가지고 있다(물론 근원에 일치하는 거울로 남아 있는 한 그러하다). 그리고 의식은 또한 형식의 세계를 이해할 수 있는 능력도 가지고 있다. 형식의 세계가 근원과 일치하는 한, 근원, 의식(거울), 형식세계 사이의 조화가 존재한다. 형식세계가 근원의 그릇된 반영을 통해 가로막히고 변질된다면, 의식은 점차 그릇된 형식인 악에 동화되고 그저 단순히 상상하는, 현상과 연결된 의식이 되어 버린다. 뱀, 즉 인간의 독자적 의식은 선에 봉사하고 선 안에서 살 수도 있으나, 악의 도구가 될 수도 있다.

52

너와 세상과의 싸움에서 세상 편을 들어라.

세상은 인간이 얻는 경험들의 총체이다. 즉 경험들은 유쾌하기도 하고 무관하거나 고통을 주기도 한다. 세상에 대항하여 싸운다는 것은 이러한 경험들의 합법칙성에 대항하여 싸우는 것을 말한다. 경험들의 합법칙성이란 행복도 고통처럼 일시적임을 의미하며, 인간이 덧없는 현상 속에서 자신의 행복을 찾는 한, 즉 인간이 세상과 같은 모양을 취하는 한 행복과 고통 이 둘은 피할 수는 없다는 것을 의미한다. 행복이 인간에게 복종하지 않음에도 불구하고 인간이 행복을 어떤 값을 치러서라도 자기 쪽으로 끌어당겨 소유하려 함으로써 그리고 불가능할지라도 고통을 제거하려 함으로써 인간은 세상에 대항하여 싸운다. 인간은 너무나도 선택하기를 좋아한다. 즉 세상의 건설적 힘을 지속적으로 자신에게 복종시키려 하지만, 그와 불가분의 관계에 있는 세상의 파괴적인 힘을 인정하려 들지는 않는다 - 이건 불가능한 일이다.

인간은 세상과 같은 모양을 취하지 않는 다른 존재방식에 대한 예감을 느낄 때, 예감한 새로운 질서에 걸맞기 위해서 세상으로부터 해방되는 것이 무엇보다 중요해진다. 인간은 자신의 깊은 동경과 세상 사이의 싸움에서 세상으로부터 해방되려면 세상 편을 들어야 한다는 것을 알게 된다. 즉 인간은 세상의 법칙을 받아들여야 하고, 행복을 더 이상 열망하지도 고통을 더 이상 피하지도 말아야 한다. 인간은 왔다가 또 다시 가 버리는 행복을 받아들이고, 피할 수 없이 찾아왔다 또 다시 가버리는 고통을 받아들일 것이다. 이렇게 함으로써 인간은 이 세상의 무상과 변화에 순응하게 된다. 그것은 인간이 덧없이 변하는 존재인 한 해야 할 일이다. 파멸 가능한 것을 파멸 가능한 것에 내맡기는 것이다. 그로 인해 비로소 불멸이 자유롭게 된다.

그러나 인간이 다른 존재형식을 예감하면서도 아직 세상 편을 들어 줄 각오가 되어 있지 않다면 그리고 인간이 행복할 권리에 대한 자신의 생각을 세상에 강요하고 어떤 희생을 치르더라도 권력, 소유 그리고 그 밖에 행복이라고 여기는 것을 획득하려고 든다면, 세상도 인간의 의지에 대항하여 자신을 관철시키려고 할 것이다. 언젠가는 더 강한 자가 나타나 그의 획득물을 빼앗아 갈 것이다. 언젠가는 경쟁자가 나타나 그의 성공에 이의를 제기할 것이다. 언젠가는 그의 행복이 보다 젊고 보다 건강한 자에 의해 파괴될 것이다. 이렇게 세상은 점차 성취와 권력, 그리고 행복을 얻으려고 노력하는 인간의 억척스런 욕구를 꺾어 버리고 그를 지치게 할 것이다. 그러나 이제 인간이 자신의 예감을 믿게 된다면, 세상의 이러한 승리에도 나름대로 의미가 있음을 깨닫게 될 것이다. 인간은 덧없고 파멸될 수 있는 가치를 추구하는 노력이 불멸의 발현을 좌절시킨다는 사실을, 그리하여 세상의 파괴적인 힘이 불멸의 길을 열어 주는 기회라는 사실을 알게 된다. 그래서 인간은 세상 편을 들어 줄 각오가 되어 있어야 한다. 세상이 파괴적이지만, 다시 말해 세상이 인간으로부터 무상함에 의지할 모든 발판을 빼앗지만, 그로 인해 인간은 결국 어쩔 수 없이 불멸에 몰두하게 된다. 적이 은인이 되어 새로운 삶의 질서로 향하는 길을 열어 주게 된다.

53

아무도 기만해서는 안 되며, 또한 세상을 기만하여 승리를 빼앗으려

해서도 안 된다.

기만은 주어지지 않은 이득을 얻기 위해 거짓 사실을 그럴싸하게 꾸며 보이는 것이다. 이것은 주어지는 것인지 아닌지를 규정하는, 일반적으로 인정되는 질서가 존재한다는 것을 전제로 한다. 거짓 사실을 그럴싸하게 꾸며 보이면, 마치 이득이 유효한 질서에 의거하여 기만하는 자에게 주어지는 것 같은 인상이 생겨야 한다. 기만하는 자가 유효한 질서를 받아들인다면, 세 가지 두려움이 그를 괴롭힐 것이고 그에 맞서 자신을 주장하지 않을 수 없게 된다. 양심이 자신에게 대항하리라는 두려움, 기만이 기승을 부려 유효한 질서가 자신에게 보복하리라는 두려움 그리고 자신의 이득이 또 다시 달아나리라는 두려움, 이 세 가지이다.

기만하는 자가 유효한 질서를 받아들이지 않는다면, 첫 번째 두려움은 없어진다. 그런데 기만하는 자가 유효한 질서를 제거하고, 이 자리에 획득된 이득을 합법적으로 주어진 것으로 보이게 하는 또 다른 질서를 세우려고 노력하지 않는다면, 다른 두 가지 두려움은 남는다.

기만하는 자는 누구나 자기 자신에게 해를 입힌다. 첫 번째 경우에 그 해악은 기만하는 자가 세 가지 두려움이 닥쳐오는 것을 감수하는 것, 지속적으로 자기 기만을 유지하기 위하여 힘을 내야 한다는 것, 주어지는 것이 원래 어떻게 분배되어야 하는지를 더 이상 알지 못한다는 것이다. 즉 기존질서 속에 있는 자신의 진정한 서열과 진정한 위치를 알지 못하고 항상 불안해 하는 것이다.

두 번째 경우에 해악은 기만하는 자가 두 가지 두려움을 견뎌 내야 한다는 것, 거짓 사실을 그럴싸하게 꾸며 보이는 일을 계속해야 한다는 것, 적어도 유효한 질서와 갈등관계를 가지게 된다는 것이다.

그래서 모든 기만은 다른 사람에게 끼치는 해를 도외시하고라도 자기 자신에 대한 해악이 되어 버린다. "아무도 기만해서는 안 된다"는 규율은 일차적으로 보면 도덕적 의미를 지니는 것이 아닐 수도 있다. 오히려 완전히 기만하려고 하는 자의 이득을 위해 존재하는 것일 수도 있다.

이 규칙은 다른 존재형식에 대한 예감을 접한 자에게 오히려 적용된다. 그는 어떤 경우에도 자신뿐만 아니라 다른 사람들의 혼란과 착각을 원치 않는다. 왜냐하면 착각은 무엇이든 인간을 현상계에 깊이 빠지게 하고, 그와 관련된 노력은 무엇이든 새로운 힘의 경험을 가로막기 때문이다. 그럼에도 불구하고 새로운 질서의 빛을 접한 사람에게는 기만의 특별한 가능성이 생겨난다. 그는 세상으로부터 해방될 수 있는, 말하자면 승리가 세상에 주어져 있는 곳에서 그 승리를 인정할 수 있는 유일하게 가능한 방법을 놓칠 유혹에 빠져 있다. 그는 세상을 기만하여 세상의 승리를 빼앗고 자신에게 주어지지 않은 이득을 가지고 싶어 한다.

이것은 두 가지 방식으로 생각할 수 있다. 한 가지 방식은 완전히 새로운 빛을 향하여 더 이상 세상에 맞서지 않고 피해 버리는 것이다. 그때 인간은 저항의 결핍으로 인해 "영원의 길"을 정신없이 내리막으로 질주하게 된다. 다른 방식은 너무도 조급하고 참을성 없이, 새로운 질서에 대한 인간 자신의 표상에 따라 세상에 새로운 빛을 강요하고 세상을 그 표상에 맞추려고 하는 것이다.

두 가지 경우에 인간은 무상함을 무상의 법칙으로부터 소멸시키지는 못하고 세상을 속여 그 승리를 빼앗는다. 첫 번째 경우는 인간이 해방을 얻은 척하지만, 자신의 덧없음을 세상에 바치지는 못했다. 두 번째 경우에 인간은 그럴듯하게 세상의 무상함을 영원함으로 바꾸려 하면서 자신의 무상함에는 손대지 못하게 한다. 그러나 진정한 가능성은 세상 편을 들고, 세상을 속여 그 승리를 빼앗지 않고, 세상에 주어진 것을 마땅히 세상이 갖도록 한다.

그런데 기만은 항상 복수를 한다.

첫 번째 경우에는 어느 날 갑자기 미결된 것, 연기된 것이 기만하는 자를 따라와 완전히 무방비 상태에서 기습하는 것이다. 두 번째 경우는 세상이 스스로 폭력에 저항하여 기만하는 자의 덧없음을 그의 의지에 반하여 파괴해 버리는 것이다.

그래서 기만하는 자는 세상에 대한 기만을 통하여 누구보다도 자기 자신에게 해를 끼친다. 그는 무엇보다 마음속의 두려움, 즉 자신을 향한 빛이 자신의 기만을 폭로하는 것에 대한 두려움, 미결된 것이 따라오고 폭력을 당한 것이 복수하는 것에 대한 두려움, 달성했다고 믿었던 것을 다시 빼앗기는 것에 대한 두려움과 맞서 싸워야 한다. 게다가 기만하는 자는 지속적인 긴장 속에서 자신이 자유롭고 성공할 것이라는 기만을 유지해 나가야 한다. 무엇보다 기만하는 자는 세상을 기만함으로써 세상에 대한 진정한 인식, 빛의 질서에 대한 인식, 그리고 그 질서로 나아가는 진입을 가로막아 버리는 것이다.

그런데 기만하는 자가 세상에 가하는 해악이 적지 않다. 첫 번째 경우에 기만하는 자는 무상함의 혼돈과 세상에 연루된 혼란을 소멸시키는 데에 기여하지 못하고 방임한다. 두 번째 경우에 기만하는 자는 혼란의 해결에 필수 불가결한 전제조건을 제외시키고 그저 혼란만을 해결하기를 원하며, 그럼으로써 오히려 혼란을 키운다.

54

정신적 세계 외 다른 어떤 것도 존재하지 않는다. 우리가 감각적 세계라 부르는 것은 정신적 세계 안에 놓인 악이다. 그리고 우리가 악이라고 부르는 것은 우리들의 영원한 발전의 어느 한 순간에 요구되는 필연일 뿐이다.

우리의 근원은 정신적 세계에, 빛의 세계에, 영원한 정신적 법칙과 조화를 이루는 자유의 세계에 있다. 우리는 영원한 정신적 본질로서 한때는 정신적 세계의 모든 특성들을, 즉 의지의 창조적 자유, 생산적 박애, 영원한 정신적 진리의 인식을 갖추고 있었음에 틀림없다. 우리의 인지는 감각기관이 연관되지 않고 직접 정신적 본질에서 정신적 본질로 이루어졌음에 틀림없다. 그래서 전 우주는 모든 정신적 본질의 통합체로서 항상 우리 앞에 존재하였다. 우리의 작용은 행동기관이 개입되지 않고 직접 정신적 본질에서 정신적 본질로 이루어졌음에 틀림없다. 그래서 모든 의도가 전 우주에 직접적으로 작용하였다.

자의성, 동기, 표상이 우주의 영원한 생성의 흐름을 중단시켰다. 그 이유는 그것들이 창조적 우주의 의지와, 생산적 우주의 박애와 그리고 우주적 진리와 함께 조화를 이루지 못하고 있었기 때문이다. 그와 동시에 그것들은 이러한 흐름을 막고 소용돌이를 만들어 점점 스스로 굳어져 갔고 주변환경까지 굳게 만들었다. 감각기관과 행동기관을 가진 우리 몸은 스스로 굳어 가는 물체이고 그와 병행하여 주변환경을 굳게 만들었다. 이와 같은 방식으로 정신과 정신 사이의 직접적인 내적 인지는 파괴되었고, 기관을 사용하는 외적 인지가 이루어지게 되었다. 이렇게 정신에서 정신으로 이루어지는 직접적인 작용은 불가능해졌고, 이제는 오로지 외적으로, 즉 신체에서 신체로 이루어지는 작용뿐이다.

그러나 정신의 경화, 즉 우리 신체와 그 주변환경의 감각적 세계는 정신적인 흐름으로부터 비롯되고 그 흐름의 억제로 말미암아 생겨났으므로, 그것도 정신적인 것이다. 악은 자의성, 동기, 표상이다. 고로 악은 정신적 흐름에 대한 반항이다. 그 반항의 결과, 즉 감각적 세계도 마찬가지이다. 그러므로 악도 정신적인 것이다. 그런데 왜 악은 불가피한 것인가? 무엇 때문에 필요한 것인가? 악은 우리가 영원히 발전하는 어느 한 순간에 반드시 필요하다. 악은 지속되는 순간들이고, 인간은 그 순간순간에 자유롭게 자기 자신의 영원한 발전을 꾀하는 법을 배워야 한다. 자유의 조건은 처음부터 그리고 영원히, 우주의 근원적 질서로부터 일탈할 수 있는 가능성이다. 일탈의 가능성은 자유를 위한 필수조건이다. 아니 오히려 자유가 필연적으로 일탈의 가능성을 내포하고 있다고 하는 것이 낫겠다.

그러나 어느 누구도 일탈이 고통스러운 결과를 낳는다는 것을 알기 위하여 반드시 그 유혹에 빠질 필요는 없다. 그것은 필수조건이 아니다. 일탈의 가능성, 즉 악의 가능성을 마음속으로 다시 곰곰이 되새기는 것만으로도 그러한 통찰에 이르기에는 충분할 것이다. 이렇게 인간은 자유가 지속되는 순간에도 유혹의 가능성을 마음속으로 곰곰이 되새길 수 있는 것이다. 그때 인간은 자유를 실현함에 있어서 우주의 영원한 질서와의 일치를 잃지 않아도 되는 것이다.

그러나 인간은 그 유혹을 이겨내지 못하고 악의 가능성을 실현하고 말았다. 그래서 몸의 그리고 감각적 현상의 경화된 세계 속에서 고통받고 감금되는 상태에까지 이르고, 영원한 법칙과 근원적, 창조적 자유와의 일치를 거의 완전히 잃어버린 상태에까지 이르렀다. 왜냐하면 인간은 육체적 필연성의 단단한 벽 안에 갇혀 버렸기 때문이다. 이 상태는 필연적이다 - 악의 결과이고 그래서 또한 그 자체가 악하다. 그 이유는 인간이 고통을 통해 이러한 상황이 자신의 근원과 본질에 일치하지 않음을 인식하도록 하기 위해서이다. 또 인간이 이러한 인식에서 다시 근원으로 되돌아가고 악, 감각적 세계, 동기, 자의성 그리고 표상을 소멸시키도록 하기 위해서이다.

그래서 두 가지 악의 필연성이 있다.

첫째로 진정한 자유가 있기 위해 악의 가능성이 필연적이다. 그러나 물론 이 가능성의 실현이 필연적일 수는 없다. 둘째로 이 가능성이 실현될 경우에, 인간이 고통을 통해 근원으로 되돌아가고 경험을 통해 자유를 사용하는 방법을 배우기 위해 감각적 세계, 즉 정신의 경화로 이해되는 악 자체도 필연적이다. 달리 표현하자면, 시간과 공간의 나락인 악은 필연적이다. 그 이유는 인간이

그 나락 위에서 거니는 자신의 운명을 직접 보고 배우도록 하기 위해서이다

일시적 존재형식, 즉 악이 인간의 영원한 발전과 맞지 않다는 사실을 인식하기 위해 (추락하지 않고 가능했을지라도) 심하게 바닥에 부딪치는 것이 나락을 들여다보고 현기증이 나서 추락하는 자에게 있어서 필연적이다. 노력해서 다시 올라오더라도, 추락했던 그 자리로 되돌아가게 되고 - 나락의 위에서 자유로이 영원한 발전의 길을 걸으며 - 항상 나락을 옆에 동반하고 다닌다.

그러나 인간의 영원한 발전과 비교해 볼 때, 시공의 나락으로 추락하는 것은 순간적인 탈선, 즉 오르락내리락하며 다시 근원으로 되돌아가는 것일 뿐이다.

54*

강렬한 빛으로 세상을 소멸시킬 수 있다. 세상은 약한 눈 앞에서 단단해진다. 보다 약한 눈 앞에서는 주먹을 갖게 되며 그보다 더욱 약한 눈 앞에서는 부끄러워서 쳐다보는 자를 때려 부순다.

인간은 창조적 자유의 빛으로부터, 즉 정신의 근원적 흐름과 일치하는 빛으로부터 자의성의 어두운 나락 속으로 추락하였다. 그리고 그로 인해 자신의 몸체를 얻고 현상의 세계를 만들었다. 이처럼 인간은 또 다시 빛으로 되돌아갈 수도 있으며 악을, 즉 경화를 소멸시킬 수도 있다. 인간이 정신적 빛을 아주 순수하고 강력히 작용하도록 만드는 데 성공할 때, 인간은 단단한 외적 현상에 부딪히는 외적 몸체가 개입되지 않고도 다시 정신에서 정신으로 직접 지각하고 작용할 수 있게 된다. 그때 모든 경화는 근원 그 자체인 새로운 주위환경 속에서 소멸하

게 된다. 이것이 벌써 일시성으로부터 되돌아오는 길의 종점인 것이다.

인간 내면에 있는 지각기관은 목표 앞에서 조금 떨어져 있다. 지각되어야 할 빛은 아직 부드러운 몸체의 껍질에 가려져 있다. 그리고 인간은 아직 감각적 세계에서 살아가고 있다. 그럼에도 정신의 눈은 강력하여 감각적 세계와 그 눈을 덮고 있는 껍질을 통해 빛이 통과하게 된다. 인간에게 감각적 세계란 빛의 반사이고 정신의 표현이다. 감각적 세계는 정신의 법칙에 따라 정돈되어 있고, 인간은 그 세상 속에서 마찰 없이 조화롭고 평화롭게 살아가는 것이다.

빛은 그 스스로가 지각능력이고 지각되는 것 그 자체로서, 아직 목표와 아주 멀리 떨어져 있고 아주 흐릿하다. 인간은 빛과 그 법칙에 대한 불명확한 표상에 따라 살아가고, 또한 그 동기가 순수하지 못하다. 그래서 인간은 행동을 잘하지 못하고 감각적 세계의 저항을 경험한다. 그를 인도할 영롱한 빛이 아니라, 희미한 빛만이 있을 뿐이다. 그래서 고통과 환멸이 생기게 된다. 세상이 "주먹"을 갖게 되는 것이다.

인간은 길을 떠나는 초반부터 빛의 세계와 현상의 세계 사이의 경계에 서 있다. 그때 인간은 벌써 빛에 대한 지각능력을 가지고 있다. 왜냐하면 빛이 인간의 마음속에서, 비록 그 빛이 지극히 약하기는 하지만, 다시 작용을 시작하기 때문이다. 그러나 그것을 도외시한다면, 인간은 완전히 세상과 같은 형태이고, 자신의 단단한 몸체와 감각적 세계의 법칙에 의존하고 있다. 빛의 예감이 인간을 자극함으로써, 인간은 전적으로 빛에 따라 살려 하고 이 세상을 완전히 새로운 조건에 따라 직시하고 다루게 된다. 인간은 세상과 그 진정한 존재방식을 악으로서, 빛의 암흑화로서, 그리고 정신적 흐름의 경화로서 인식한다. 그로 인하여 인간에게는 바로 세상이 적으로 변해 버린다. 왜냐하면 세상이 스스로 벌거벗음을 부끄러워하기 때문이다. 세상은 빛을 폭로이며 치욕이라 느낀다. 그리고 세상은 빛을 지닌 자가 세상과 같은 형태인 한 그를 파멸시켜 버린다.

55

모든 것이 기만이다. 기만의 최소를 추구하는 것, 보통의 것에 머무는 것, 최고를 추구하는 것, 그 모두가 기만이다. 첫 번째 경우에는 선을 너무 쉽게 얻고자 함으로써 선을 기만하고, 악에 너무나 불리한 싸움 조건을 부과함으로써 악을 기만한다. 두 번째 경우에는 현세 속에서 선을 얻으려 하지 않음으로써 선을 기만한다. 세 번째 경우는 선을 될 수 있는 대로 멀리함으로써 선을 기만하고, 악을 최고로 상승시키는 방식으로 악을 소멸하기를 원함으로써 악을 기만한다. 이에 따르자면 선호해야 할 것은 두 번째 경우가 될 것이다. 왜냐하면 선이란 사람들이 늘 기만하는 것이고, 그 두 번째 경우에서 적어도 외견상으로 본다면, 악을 기만하지 않기 때문이다.

우리는 육체를 가진 피조물로서 육체적 세계 안에서 살아가고 있다. 그와 동시에 우리는 빛의 경화로서 경화의 세계, 감각적 현상의 세계, 악의 세계 안에서 살아가고 있다. 선한 것은 오직 근원, 빛 그 자체일 뿐이다. 물에서 얼음 조각이 되듯이 그 빛으로부터 우리는 자의, 표상, 동기를 통하여 스스로를 형성했다. 우리는 육체적 성질, 즉 감각적 세계를 지각하고 그것에만 영향력을 발휘하지만, 그 반면에 아직도 빛의 근원적 흐름에 둘러싸여 있다. 우리의 근원이 빛이기 때문에 우리의 진정한 존재방식 또한 빛 안에 놓인 삶이어야 할 것이다. 현재 우리의 과제는 기만의 원천인 자의, 표상, 동기를 소멸함으로써 (감각적 세계의) 기만을 소멸하는 것이어야 할 것이다. 우리는 빛의 요구에 부응해야 할 것이다. 그것은 빛의 원천이 우리 마음속에서 작용하도록 함으로써 그리고 그 빛이 기만의 결과인 감각적 세계와 기만의 원천인 자의를 소멸시키게 함으로써 가능하게 될 것이다. 그러나 우리의 현 존재는 이러한 과제에 대한 기만이고 빛 그 자체에 대한 기만이다. 왜냐하면 우리는 빛의 희미한 예감 속에서 근원적인 빛인 선을 얻으려 노력하지만, 결국은 악에 머무르고 있기 때문이다. 자의적으로 선을 얻고자 애쓰는 동안에도 악에 머물러 있다. 우리는 선이 다시 존재하기 위하여 충족되어야 할 유일한 조건을 계속 회피하고 있다. 우리는 악인 감각적 세계 속에서 빛을 통해 기만의 원천인 자의성을 소멸시키기를 거부하고 있다.

이러한 기만을 제거할 수 있는 유일한 가능성은 기만, 즉 우리의 자의를 포기하는 것이다. 그로 인해 빛, 즉 선이 자기 자신을 되찾도록 우리의 자의를 포기하는 것이다. 그러나 우리는 그 대신에 현세적인 것, 즉 악의 세계에서 우리가 생각하는 선을 실현하려고 한다.

그래서 유일한 필수조건을 피하면서 선에 도달하려는 모든 방법은 기만, 즉 때에 따라 초점이 달라지는 기만이다. 왜냐하면 이러한 모든 방법은 근원과 비교해 볼 때 모든 현세적인 것, 즉 현상계가 악이라는 사실을 날조하기 때문이다.

첫 번째 방법은 현상계의 기만들을 차근차근 해소함으로써 선에 접근할 수 있다고 믿는 것이다. 그러나 그렇게 됨으로써 유일한 필수조건이며 가장 어려운 조건을 피하게 된다. 즉 기만의 원천을 소멸하지 않고 회피하게 된다. 이 소멸이 불가침으로 남는 한, 기만의 경감은 항상 한계에 부딪히고 말 것이다. 그것은 마치 병의 증상에 대한 치료가 병의 원인에 대한 치료는 되지 못하는 것과 같다. 여기서 선에 대한 기만은 선을 위한 근본적인 조건을 충족시키지는 않고 현상의 영역에서 선을 향하여 접근하는 척하는 것이다. 손에 손을 맞잡고 현상계 내부에 있는 기만을 소멸하려는 노력과 더불어 환상의 원천에 대한 억제가 이루어진다. 이렇게 인간은 악, 즉 기만의 원천이 활동하지 못하도록 시도한다. 그러나 그것은 단지 억제에 불과하다. 실제적인 싸움에 응하는 태도는 아니다.

악은 싸워서 제거되는 것이 아니다. 오로지 그 뿌리를 근절함으로써 제거될 수 있는 것이다. 악의 뿌리는 우리가 악에게 적절한 싸움조건을 부과함으로써 소멸될 수 있다. 말하자면, 규모와 효력에 있어서 악을 우리 자신 속에 있는 기만의 원천으로 그리고 모든 국면에 있어서 감각적 세계로 인식하여 악을 소멸하도록 "가장 강한 빛"을 작용시킴으로써 악의 뿌리는 소멸될 수 있다. 그렇게 하지 않으면 사람들이 악을 기만하는 것이다. 즉 악의 진정한 적인 빛을 악으로부터 앗아가 버리는 것이다.

기만 속에서 살아가는 두 번째 방식, 즉 "보통의 것에 머무는" 경우에는 사람들이 악을 공정하게 대할 것이다. 사람들은 현상계가 습관적으로 그냥 그대로 머물러 버리고 변하지 않게 하고, 환상을 제거하지도 환상을 강화하지도 않으며 그 어느 방향에도 중점을 두지 않는다. 그래서 악, 즉 감각적 세계는 전적으로 악의 본질에 따라 작용할 수 있는 가능성을 갖게 되고 그로 인해 기만당하지 않을지도 모른다. (당연히 악은 기만당하여 자신의 적을 빼앗길 것이다. 왜냐하면 사람들은 악에 대항하여 어떤 것도 내놓지 않기 때문이다.) 물론 선은 기만당하게 되어 있다. 빛의 자극에 대한 무관심은 인간의 운명에 대한 배반이기 때문이다. 자극에 대하여 반응을 보이는 것은 비록 그것이 잘못되었다 할지라도 전혀 없는 것보다 낫다. 현상계의 중점을 의미가 있어 보이는 어느 한 질서에다 옮기려는 자는 적어도 빛의 자극, 즉 빛의 요구에 반드시 반응할 것이다. 그러나 그는 이때 현세적인 것에 머무르고 만다. 그래서 결국 그는 반응함에도 불구하고 제대로 그 과제를 수행하지 못하게 되는 것이다.

기만 속에서 살아갈 수 있는 세 번째 방식으로 살아가는 자는 "기만의 최고"를 추구하는 자이다. 그는 악이 환상의 의식적이고 상승된 만끽이라 보고 그것이 언젠가는 고갈될 것이라고 믿는다. 이러한 방식은 악에 대한 기만이다. 그 이유는 사람들이 악에게 그의 실제적 본질을 승인해 주지 않고 악을 그의 실제적 위험

속에서 보지 않기 때문이다. 결국 악에게 그에 알맞은 적을 주지 않기 때문이다. 이러한 태도의 결론은 결코 악의 무기력이 아니다. 모든 행동은 비슷한 행동에 대한 판례이다. 모든 행동은 그 흔적을 현실 속에 새겨 놓고 반복과 상승을 요구한다.

그러나 사람들이 실현되어야 한다는 선의 요구를 적어도 일시적으로나마 회피함으로써, 선에 대한 기만이 저질러진다.

그래서 인간이 기만의 원천을 소멸시키지 않는 한, 무관심의 생활방식은 최선의 방식으로 남을 것이다. 왜냐하면 환상들의 원천을 소멸시키는 대신 일시적 세계의 환상들을 단계적으로 소멸시킴으로써 인간이 빛에 반응할 때, 그 인간은 부차적인 새로운 기만을 만들어 내고 그로 인해 혼란을 가중시키기 때문이다. 상황에 대한 무관심이 선에 대한 기만일지라도, 적어도 혼란을 가중시키지는 않을 것이다.

이러한 정황으로부터 적어도 하나의 가르침은 이끌어 낼 수 있다. 현상계의 영역에서 어떤 태도가 기만의 원천을 소멸시키는 데 필요하고 유익한가에 대한 가르침이다. 인간이 자의와 감각적 세계의 소멸을 위하여 빛을 다시 작용하게 둔다면, 즉 인간이 더 이상 선을 기만하지 않는다면, 이 세상에 대한 무관심의 태도가 아니라 세상의 특성에 대한 인식에 바탕을 둔 사실적 태도와 기만에 직면하여 평온한 태도 또한 인간이 현상계에 머무르는 동안은 의미가 있을 것이다.

56

태어나면서부터 벗어나지 못한 한, 극복할 수 없는 문제들이 있다.

의식의 질서가 사물의 근원적 질서에, 즉 진리에 부합하는 그러한 질서 안에 사는 자에게 진리는 명백하고 문제가 없다. 왜냐하면 그가 살고 있는 존재질서가 인간의 실현이고 운명이기 때문이다.

문제는 주체와 객체가 분리된 상태에서만 존재한다는 것이다. 이러한 분리된 존재상태에서 제한된 의식을 가진 인간에게는 지식과 인식이 항상 불완전하다. 왜냐하면 그러한 의식이 결코 전체공간과 전체시간을, 특히 근원적 본질의 질서를 통찰할 수 없기 때문이다. 그리하여 불안과 두려움이 생기고 무지로 인한 의문이 생기게 된다.

문제는 두 가지 종류로 구별될 수 있다. 첫째는 시간과 공간의 영역에 관련되는 문제로서, 이는 이성의 소관이다. 왜냐하면 이성이 바로 시간과 공간의 요소들로 구성되어 있기 때문이다. 둘째는 비밀이 작용함으로써 생겨나는 문제이다. 예컨대 인간이 시간과 공간을 초월한 다른 현실을 예감함으로써 불안하게 될 때 생기는 문제이다. 그로 인해 인간의 내면에서는 자신의 실제상태와 그를 자석처럼 끌어당기는 운명의 질서 사이에 긴장이 조성된다. 이러한 긴장은 인간에게 삶의 의미, 출생과 사망의 원인, 고통과 불공평의 의미, 악과 죄의 본질에 대한 문제를 불러일으킨다.

물론 인간은 보통 이러한 문제를 자신의 이성으로 해결하려 한다. 이성은 도구로서, 단지 시공의 현상계에서만 유용하고 권한이 있다. 이러한 도구로써 두 번째 종류의 문제가 해결될 수는 없다 - 우리는 그 문제를 해결할 수는 없을 것이다. 우리가 태어날 때부터 현상계를 초월하는 어떤 다른 존재상태로 들어갈 수 있는 가능성을 우리 내면에 소유하고 있지 않다면, 그리고 이 다른 존재상태가 인간의 진정한 본성에 부합되지 않는다면, 우리는 그 문제를 해결할 수 없을 것이다. 사물의 근원적 질서 속에서 인간은 마음속에 문제를 만드는 긴장으로부터 벗어나 있다. 그 속에서 인간은 "태어나면서부터", 즉 그 진정한 천성으로부터 벌써 문제들에서 벗어나 있다. 그럼에도 이성은 자신의 권한을 넘어서 존재의 뿌리에 대한 문제에 답하고 싶은 저항하기 어려운 충동을 느낀다. 이러한 충동은 분리된 상태에서 살아가는 인간에게 저주일 뿐만 아니라 무엇보다 채찍이 되는 것이다. 이러한 충동적 마음속에서는 현상의 저편에 있는 현실이 일시적으로나마 모습을 드러낸다. 이러한 충동적 마음속에서는 그 현실이 비록 불충분하더라도 제 효력을 발휘하고 인간들의 주의를 끌게 된다.

그래서 근원적 질서의 자극에 반응하려는 많은 힘든 시도 이후에 결국 인간이 이성으로써 통찰력을 얻게 되는 일도 생길 수 있다. 그 통찰은 이성이 비밀을 능동적으로 탐구할 수는 없고, 오히려 이성이 평온함을 되찾을 때 비로소 인간의 마음속에 비밀이 모습을 드러낸다는 것이다. 그때 이성은 직관적 통찰을 표현하고 전달할 수 있다. 물론 현상계로부터 생겨난 기관인 이성이 당연히 얽매일 수밖에 없는 한계 내에서 이루어지는 일이다.

57

언어는 감각적 세계를 초월한 모든 것에 대하여 암시적으로 사용될 수 있다. 그러나 결코 그것에 근접하는 비유로서 사용될 수는 없다. 왜냐하면 언어는 감각적 세계에 상응하여 오직 소유와 소유관계만을 다루고 있기 때문이다.

언어와 형상은 이성이 사용하는 수단들이다. 이성은 스스로 할 수 없지만 "파발꾼"으로서 보고할 수 있는 경험들을 언급하기 위해 이 수단들을 사용한다.

비밀의 "언어"를 일반적 특성이 있는 언어와 형상으로 번역할 수 있는가? 비록 비밀의 세계와 감각적 현상계 사이에 어떤 연관성이 있음에 틀림없지만, 그런 가능성은 없다. 그것은 우리의 감각이 물리적 세계에 대해 갖는 관계에 있어서와 유사하다. 가령 빛의 특정 주파수, 즉 물리적 과정은 우리에게 푸른색으로 나타난다. 그러나 결코 "푸르다"라는 감각이 물리적 주파수로서 해명되거나 또는 기술될 수 있는 것은 아니다 - 그래도 둘 사이에 연관성이 있음에는 틀림이 없다. 이렇게 소유의 존재상태와 그 표현형식은 결코 비밀세계의 존재상태와 그 표현형식에 비교될 수는 없다.

현상과 형상의 세계로부터 생겨난 언어의 도움으로 영원에 관해 말할 때, 이를 통해 우리가 영원을 인식하는 것이 아니라, 또 다시 그에 대한 표상을 가지고 소유할 뿐이다. 그래서 우리는 항상 소유의 존재상태에 머물게 된다.

그러나 모든 형상, 모든 말, 모든 개념은 상징일 수는 있다. 그것들은 다시 말하면 감각적 세계 밖의 현실을 가리키는 기호이다. 상징이란 이 현실을 기술하거나 재현하는 것이 아니라 뭔가 다른 것, 즉 기술할 수 없는 것이 존재한다는데 대한 암시일 뿐이다. 그것은 마치 빛의 일정한 주파수가 느끼는 존재로 하여금 "푸르다"라는 감각을 그와 더불어 가질지도 모른다는 사실을 지적하는 것과 유사하다.

그렇다면 "덧없는 모든 것은 단지 하나의 비유일 따름이다"라고 하는 격언은 어떻게 이해되어야 할 것인가? "비유"라는 말이 어떤 동일성을 가리키는 것이 아니라 상징으로서 이해될 때, 그 타당성을 얻게 된다.

더구나 상징은 다른 세계에 대한 암시로 작용한다. 그 작용은 다른 세계가 적어도 흔적으로나마 경험으로서 미리 인간 속에 존재할 경우에만 가능하다. 그때 상징은 이러한 경험을 명명하고 그것을 깨닫도록 할 수 있을 것이다. 그러나 결코 이러한 경험을 중재하지는 못한다.

항상 큰 위험이 되었던 바는 상징이 표시나 안내자가 되어 비밀을 향한 열린 상태에서 비밀을 의식화하거나 비밀의 경험을 강화하려 들 때였다 - 상징이 비밀의 실재를 "비유적 방식으로" 상상하는 수단으로 간주될 때, 그리고 그 비밀에 근접하거나 혹은 그 비밀을 소유할 수 있는 수단으로 간주될 때, 큰 위험이 있었다. 그 순간 인간은 위험을 견뎌 내지 못했다. 바로 그 순간에 상징의 기능은 파괴되고야 말았다 - 더 큰 문제는 예전에 상징이 없어 비밀에 대한 무관심만이 있었던 곳에, 물론 비밀의 경험에 열려 있지 못하였기 때문이지만, 바로 그 곳에 이제는 비밀을 얻을 수 있다고 장담하고 정확한 개념을 소유하여 진리도 소유할 수 있다는 환상이 생겼다는 것이다. 비밀을 암시하기도 하지만 일상적 개념 체계에는 맞지 않는 모든 낯선 상징은 이러한 확신에 대한 위협, 즉 진리에 대한 공격으로 평가된다.

58*

> 사람들이 가능한 한 거짓말을 적게 한다는 것은 가능한 한 적게 거짓말을 할 때만 이지, 거짓말할 기회를 가능한 한 적게 가진다는 것은 아니다.

비밀의 빛에 비추어진 거짓말은 무엇인가? 감각적 세계에 놓인 인간의 존재 전체는 삶의 거짓, 즉 허위이다. 왜냐하면 그 존재 전체가 인간의 운명과 일치하지 않기 때문이다. 표상이나 동기의 영역에 놓인 삶은 거짓, 즉 진리의 부정이다.

인간이 이러한 영역에 머무르며 자기 존재의 근본을 비밀의 질서에서 비롯된 새로운 근본으로 뿌리째 바꾸지 않는다면, 그 인간은 거짓 속에 머무르며 잘해야 가능한 한 적게 거짓말할 뿐이다. 다시 말해 거짓말의 양을 약간 제한할 수 있을 따름이다. 이러한 제한 또한 진리에 대한 예감이 인간의 마음속에 나타나고 인간이 이 자극에 제대로 반응함으로써 가능한 일이다. 올바른 반응의 가능성은 예컨대 감각적 세계에 놓인 존재 전체가 거짓이라는 인식, 그리고 이 존재가 아주 이상적인 표상과 동기를 따른다 하더라도 인간의 진정한 운명으로 간주된다면, 스스로를 속이게 된다는 인식이다. 이러한 인식을 통하여 거짓의 영역은 조금이나마 줄어들 것이다. 인간이 가능한 한 적게 거짓말을 한다면, 조금이나마 더 진실하게 될 것이다.

이러한 종류의 인식은 만들어 낼 수 있는 것이 아니다. 즉 도덕적 압력이나 유리한 상황을 통해 외부로부터 만들어 낼 수 있는 것이 아니다 - 이러한 인식은 오로지 실제적 진리 그 자체로부터 비롯될 수 있고, 그렇게 될 때 비로소 진리가 될 수 있는 것이다.

두려움이나 습관 또는 유리한 상황에의 순응을 통해 (불가능한 것, 즉 진리를 선호하는 상황과 사람이 있다고 가정해 보자.) 만들어진 모든 태도, 즉 거짓말을 않겠다는 동기, 의도, 노력조차도 일종의 동기로서 그리고 감각적 세계의 압력에 의해 만들어진 태도 그 자체로서 거짓의 영역에 속한다. 그러나 인간의 본질이 그로 인해 변화되지는 않는다. 외적 기회와 상황을 없앨 경우에도 거짓말하려는 성향, 즉 동기와 형상을 만들려는 성향은 다시금 나타나고, 없어지지 않았다는 것이 뚜렷해지기 때문이다. 가능한 한 적게 거짓말하려는 의도를 가진 자가 가능한 한 적게 거짓말하는 자는 아니다 - 의도 그 자체가 동기의 세계, 즉 거짓에 속하기 때문이다. 형상과 동기의 올바름을 조성하는 유리한 조건에 사는 자가 가능한 한 적게 거짓말하는 자는 아니다 - 이러한 조건도 거짓말의 영역에 속하기 때문이다 - 마음속에 있는 거짓 존재가 점차 진리의 현실로 대치되는 그런

자가 바로 가능한 한 적게 거짓말하는 자이다.

59*

발걸음으로 깊이 패여 있지 않은 계단은 그 자체로 보면 황량한 것이, 그저 엮여 있는 나뭇조각일 뿐이다.

사용자가 없는 계단이 무의미한 것처럼 보이는 것은 당연하다. 그 계단은 아무런 연관성도 부여받지 못하는 물질이다. 목적이 빠져 있기 때문에 수단이 아닌 물질, 그저 황량한 것이 엮인 나뭇조각일 뿐이다.

그러나 사용된다면, 그 계단은 의미를 부여받을 것이다. 이용자의 입장에서 볼 때 비로소 의미가 있는 것이다. 계단의 가치는 스스로 수단이 되어 버리는 목적에 전적으로 의존하는 것으로, 많이 사용되면 될수록 그 가치는 더욱 커진다.

계단은 사용자의 수단으로서 그가 어디론가 올라가거나 내려가기 위하여 있는 것이다.

계단은 출생과 사망 사이에서 진행되는 인간의 삶에 비유될 수 있다. 이 삶의 주체이고 현상에 매인 의식인 인격은 유쾌하거나 불쾌한 인상, 불행이나 행복을 체험한다. 인상으로부터 경험이 생기고, 경험으로부터 인식이 생긴다. 즉 인격의 본질과 인상의 종류 사이의 연관성에 관한 인식이 생긴다. 모든 인상은 부정적이든 긍정적이든 인격의 특성이나 행동에 일치하는 것으로, 인격이 행하는 과거와 현재의 행동에 대하여 주위환경이 반응하는 것이다. 인상의 합계, 즉 이러한 반응들의 합계가 운명이다. 운명과 인격은 서로 맞물려 있는 조각들, 즉 양극과

음극, 열쇠와 자물쇠처럼 서로 일치한다.

결국 운명은 인간에게 주어지는 인상의 합계로서 그 "계단"의 사용자이다. 어떠한 운명의 시련이 닥쳐 와도 교훈을 얻지 못하고 항상 예전의 의식상태를 되찾는 유연한 본성을 가진 인간들이 있다. 인상은 안으로 각인되는 것이 아니라 밖으로 튀어나오는 것이다. 이러한 인간은 매끈하고 황량한 물질로 남으며, 아무런 의미도 받아들이지 않고 오로지 "엮여 있는 나뭇조각"이라는 현상, 즉 물질일 따름이다. 다른 이들은 점점 더 깊이 패이게 된다. 즉 인상은 깊어지고 체험은 의식화되며 인식은 선명하고 풍부해진다. 그들의 삶은 풍요롭고 의미를 지니게 되는데, 그것은 인상으로부터 이끌어 낸 교훈을 통해 가능하게 된다.

우선은 방식에 대한 인식이 문제이다. 사람들은 고통이 오면 현상계의 테두리 안에서 그릇된 태도 때문이라고 유추하고, 기쁨이 오면 현상계의 테두리 안에서 올바른 태도 때문이라고 유추한다. 이러한 인식으로부터 생기는 결과는 이 다음의 삶에 있을 변화된 행동방식, 즉 변화된 운명이다. 그것은 보다 많은 기쁨으로, 혹은 보다 많은 슬픔으로 전개되지만, 결국은 현상계 안에 머무른다. 그 이후에는 다른 방식의 인식이 생긴다. 기쁨이 오든 고통이 오든 개의치 않고 그것을 덧없는 것으로 인식한다. 물론 이 덧없음은 인격의 그릇된 태도로 인하여 야기될 수도 있다. 영원한 불멸의 법칙과 일치하지 않는 태도는, 아니 인격 그 자체는 바로 그릇된 태도의 결과이고 그러므로 덧없는 것이다. 이러한 인식, 그리고 그 인식으로부터 동기와 관념이 약화되는 정도에 따라 인격은 불멸의 법칙과 보다 원활한 교류를 하게 된다. 그 다음의 삶, 즉 그 다음의 "계단"에서는 이러한 인식이 더욱 분명해질 것이다. 이렇게 불멸은 솟아오르며 자신의 모습을 더욱 잘 드러낼 수 있을 것이다. (인격이 지속적으로 이러한 인식을 얻지 못한다면, 그 다음의 인격은 더욱 경화될 것이고, 불멸은 보다 폐쇄되어 계단 "아래로" 내려갈 것이다.) 그래서 사실은 불멸의 영원한 법칙은 항상 계단의 이용자이다. 불멸은 우선 운명의 옷을 입고 나타나서 인간에게 자신의 작업과 본질의 무상함을 통찰하도록 만든다. 불멸은 개인의 통찰력에 따라 그리고 빛과의 교류 능력에 따라 더 높이 올라가거나 더 아래로 내려간다. 모든 동기, 관념 그리고 자의가 한번 소멸되면, 계단이 목적에 도달한 것이다. 즉 계단의 마지막이 될 것이다.

60

세상을 체념하는 자는 모든 인간들을 반드시 사랑할 수밖에 없다. 왜냐하면 그는 그 인간들의 세상도 체념하기 때문이다. 그로 인해 그는 사랑받을 수밖에 없는 진정한 인간적 본질을 예감하기 시작한다. 물론 사람들이 진정한 본질과 대등하다는 전제하에서 말이다.

인간의 세계는 소유욕의 세계, 권력과 행복에 대한 갈망의 세계이다. 인간들은 서로 증오하며 권력, 소유 그리고 행복을 얻으려는 경쟁자들이다. 거기서 발생되는 혼란을 방지하고 안정을 얻기 위하여 인간들은 계약을 맺거나, 혹은 권력자들이 스스로 만들어 낸 권력분배를 질서라고 부르며 그대로 고착시켜 버린다. "사랑 받는" 자는 다름이 아니라 계약을 확실히 수행하거나 질서를 엄수하는 자이다. 이러한 사랑은 안정에 대한 욕구로부터 생겨난다.

그 이외도 인간의 세계는 이상의 세계이다. 즉 보다 나은 질서에 대한 관념의 세계이거나 기존질서를 정당화하는 명분의 세계이다. 예컨대 그것은 자유, 정의, 평등과 같은 원칙의 세계이고, 한 사람이 다른 사람에게 가지는 기대의 세계이다. 만약 한 인간이 이러한 기대에 부응하지 못하면 미움을 사고, 그 기대에 부응하거나 혹은 부응하는 것처럼 보이면 "사랑 받게" 된다. 여기서 사랑이란 인간의 관념과 동기에 의존하다.

인간의 이러한 이중적 세계는 그릇된 인간적 본질을 나타내 보이고, 바로 그 본질 밑에는 진정한 불멸의 본질이 숨어 있는 것이다.

세상을 체념하는 자, 즉 소유, 권력, 행복에 대한 갈망, 그리고 이상을 체념하는 자는 자기 자신의 그릇된 본질을 체념한다. 그때에는 필연적으로 진정한 본질이 모습을 드러내 보인다. 왜냐하면 바로 이 진정한 본질이 인간을 남몰래 체념하도록 유도한 것이기 때문이다. 그릇된 본질을 체념하는 정도에 따라 진정한 본질이 제 윤곽을 드러내게 된다.

세상을 체념하는 자는 지금까지 연루된 다른 인간들의 그릇된 본질도 체념한다. 그럼으로써 그는 다름 아닌 자신의 진정한 본질인, 인간의 본질을 예감하기 시작한다. 그는 현상계에서 일어나는 증오와 제한된 사랑을 체념하게 되고, 그때 "사랑 받을 수밖에 없는" 인간의 진정한 본질은 모습을 드러내게 된다.

인간의 진정한 본질은 왜 사랑 받을 수밖에 없는가? 그것은 도대체 어떤 사랑인가? 그 사랑은 현상계에서 이루어지는 사랑, 즉 그릇된 인간적 본질의 영역 안에서 이루어지는 사랑과는 다른 종류의 사랑이다. 현상계에서 이루어지는 사랑은 충동, 감정, 욕구와 같은 것으로 항상 결핍에서 비롯된다. 사랑하는 자는 불완전하고 독립적이지 못하며 불안정하여 완전, 독립, 안정을 동경한다. 그는 부족을 보충하고 제거할 수 있다고 믿는다. 다시 말해 그는 자신의 본질을 강화하거나, 혹은 의지할 수 있는 가능성을 다른 현상들과 인간들에게서 찾는 것이다.

그와 반대로 진정한 인간적 본질, 즉 근원으로 말미암아 살아가는 인간은 끊임없이 흘러나오는 힘을 지니며, 확실하고 자유로우며 독립적이다. 그의 사랑은 결핍을 제거해 나가려는 욕구가 아니라 힘 그 자체로서, 그로 인해 인간이 살아가는 근본이다. 그는 사랑 그 자체이고, 무궁무진하고 자유로우며 생산적이다. 그는 다른 이들에게서 빼앗으려고 하지도 않으며 빼앗아야 할 필요도 없다. 그저 자기 자신과 자신의 힘을 주기만 할 뿐이다. 그런데 그는 엉뚱하게 다른 곳에 주지 않으며 근원의 법칙 테두리 안에 준다. 그의 사랑은 근원적 질서의 실현이다.

그것은 마치 관현악단에서와 같다. 모든 연주자들이 그들이 연주해야 할 곡을 잘 알고 있고, 그들의 존재가 가지는 정당성은 이 연주곡에서 비롯된다(즉 근원적 질서이다). 모든 연주자는 이 질서를 실현하고 각자 자기 몫을 자유롭고 즐겁게 연주한다. 자기 몫과 다른 이의 몫은 서로 다르지만, 각자의 소리로부터 조화로운 화합이 이루어진다. 화합은 작품 그 자체에 이미 주어져 있다. 모든 연주자는 다른 연주자들을 알고 그들 각자의 몫을 알고 있다. 왜냐하면 각자가 곧 전체를 알고 있기 때문이다. 모든 연주자가 자신의 몫을 나머지 다른 연주자들에게 줌과 동시에, 스스로는 나머지 모든 연주자들의 연주를 받는 것이 되기 때문이다. 그것은 바로 그 연주곡 속에 들어 있는 모든 힘의 엄청난 상승과 급증이다. 그 연주곡에 대한 사랑으로부터 그리고 자신의 몫에 대한 사랑으로부터 다른 모든 연주자들과 그 각자의 몫에 대한 사랑이 생겨나게 된다. 이렇게 인간의 진정한 본질은 생산적인 사랑으로서 세상의 근원적 질서로부터 비롯된다. 그리고 스스로 생산적 사랑인 자는 다른 이들의 생산적 사랑과 조화를 이룰 수밖에 없다. 그는 그들의 진정한 본질을 사랑할 수밖에 없는 것이다.

비록 인간의 진정한 본질을 예감하지만 그 본질에 "대등하지"는 못할 가능성도 있다. 이 경우는 인간이 진정한 본질의 예감 속에서 이 본질을 덧없는 세상에서 실현되어야 할 이상으로 왜곡하는 것이다. 그럼으로써 결국 거짓된 인간적 본질에 진정한 인간적 본질과 상응하라고 요구하는 것이 된다. 물론 그것은 증오로만 치달을 뿐인데, 그 이유는 덧없는 세상의 인간이라면 어떤 이도 그와 같은 기대를 채워 주지 못하기 때문이다. 실망이 증오를 부르는 것이다. 결국 인간이 진정한 본질을 예감하고도 세상을 아직 완전히 단념하지 못하고 세상이 주지 못하는 것을 세상에게 요구한다면, 그는 진정한 본질에 "대등하지" 못한 것이다.

61*

세상 안에서 자기 이웃을 사랑하는 사람은 자기 자신을 사랑하는 사람과 별다를 바 없는 부당한 짓을 하는 것이다. 다만 이웃사랑이 가능할는지의 문제가 남아 있을 뿐이다.

이 세상에서는 끊임없이 자기사랑과 이웃사랑의 정당함이 논의되고 있다. 이웃사랑에 대한 실용적 견해가 한 가지 있다. 그 견해에 따르자면 모든 인간들은 타고난 본질, 즉 "세상 안에 있는" 본질로서 삶, 건강, 발전가능성을 누릴 수 있는 동등한 권리를 가지고 있다. 인간들에게서 이러한 권리가 스스로 초래하지 않았는데도 없어져 버린 경우, 이웃사랑의 본질은 연대이다. 즉 건강한 자, 부유한 자, 힘있는 자의 타고난 자기사랑은 모든 이가 특정한 지향점에서 동등한 권리를 가져야 한다는 견해에 의해 제한을 받게 되고, 권리가 없는 자에게는 도움을 주게 된다. 연대의 필요성은 권리를 찾지 못한 자가 경우에 따라 자신의 권리를 폭력으로 관철할 수도 있다는 생각에서 생길 수도 있다.

이러한 종류의 이웃사랑은 자기사랑에서 얻어낸 것으로, 통찰 혹은 강요의 결과이다. 물론 실제적으로 이 이웃사랑이 어느 정도까지 지속될 수 있느냐는 분명치 않다. 권리가 없는 자는 자기사랑에 빠진 채 도우려는 자들의 연대를 얼마나 쉽게 오용하는가! 얼마나 쉽게 도우려는 자를 이용하고 약점을 무기로 삼아 도우려는 자를 약점 쪽으로 끌어내리는가! 이렇게 자기사랑의 권리가 정지하고 이웃사랑의 권리가 시작되는 지점은 항상 논쟁의 대상으로 남는다. 이 세상 안에 있는 최고의 것은 자기사랑과 이웃사랑이 훌륭한 균형을 이루는 것일지도 모른다. 각자가 힘닿는 대로 자기 자신을 돌보고 위급한 경우에만 다른 이의 이웃사랑을 요청하는 식으로 말이다.

또한 이웃사랑에 대한 이상주의적 견해도 있다. 이웃사랑은 인간의 지고한 과제이고, 이 과제를 통하여 인간은 자신을 초월 할 수 있다. 인간이 이타적이며, 자기사랑을 잘 극복하면 할수록 그리고 많은 희생을 치를수록, 그 인간은 더욱 순수하고 공덕이 많은 자로 평가된다. 그 때문에 사람들은 가난한 자와 억압받는 자, 그리고 병든 자가 사랑을 받아야 한다고 생각한다. 왜냐하면 병든 자, 약한 자, 가난한 자를 사랑하는 데 자기사랑이 연루될 수 없다고 믿기 때문이다. 어느 누구도 자신이 병약과 빈곤에 결부되는 것을 원치 않는다. 여기서는 반드시 희생, 자기극복, 노력이 필요하다. 그에 반해 강한 자, 건강한 자, 권력 있는 자를 사랑하는 것은 어떤 특별한 "자질"도 필요 없는 것처럼 보인다. 누가 권력, 힘, 건강을 사랑하지 않겠는가? 이런 사랑에는 반드시 자기사랑이 다시 모습을 드러내고 자신을 치켜세우기 위하여 권력, 부, 건강과 기꺼이 결합할 것이다. 그러므로 약자에 대한 사랑만이 진정한 이웃사랑으로 간주된다.

그와는 달리 어떤 자들은 권력, 부, 건강에 대한 사랑을 오히려 정당한 것이라고 강조한다. 자기사랑은 자신의 권력, 세력, 힘에 대한 사랑으로서, 타고난 것이며 건전하고 인간을 높은 발전 단계로 끌어올린다. 그 반면에 이웃사랑은 병든 자, 가난한 자, 약한 자에 대한 사랑으로서, 퇴폐적이고 천성의 관점에서 볼 때 부당하다는 것이다. 여기서 자기사랑을 극복하라는 요구는 파괴적인 것으로서 약한 자, 병든 자, 가난한 자가 내심 지니고 있는 증오감일 뿐이라는 것이다. 이타심을 지나치게 요구함으로써 더 이상 아무런 자기사랑을 가지지도 못하고 가질 용기도 없어서 무능해진 사람들을 가리키는 것이다.

그래서 "이 세상 안의" 자기사랑은 옳은 것일 수도 그른 것일 수도 있고, "이 세상 안의" 이웃사랑 또한 옳은 것일 수도 그른 것일 수도 있다. 즉 관점에 따라 다를 뿐이다. 그럴 수밖에 없는 이유는 다름이 아니라 "세상 안에서" 자기사랑과 이웃사랑이 대립적으로 정의되기 때문이다. 그래서 항상 하나의 극단은 다른 극단과 함께 나타나고, 하나의 극단이 다른 극단을 이기려고 애쓰는 것이다.

도대체 그 원인은 무엇인가?

인간의 진정한 본질이 있는 진리의 세계에는 사랑이 근원, 즉 근원적 법칙의 긍정이다. 그 법칙으로부터 진정한 인간이 비롯되고, 그 법칙으로부터 모든 인간이 비롯된다. 사랑은 이러한 법칙의 실현이다. 그 의미는 이렇다. 인간의 진정한 본질은 사랑이고 힘이다. 이 힘은 자신의 본질과 다른 모든 사람의 본질에 내재하는 근원적 법칙의 실현을 지향한다. 이 힘의 목표는 우주의 근원적 법칙을 실현시켜 나가는 것이다. 사랑은 결국 우주에 이바지하는 것으로, 자신의 본질에만 제한될 수 없다. 자기사랑과 이웃사랑의 차이조차 존재하지 않는다. 왜냐하면 두 가지 다 근원에 대한 사랑이기 때문이다.

이 근원적 힘이 인간 자신의 본질에만 국한될 때, 박애로부터 자기사랑이 생겨난다. 인간의 그릇된 본질이 표상, 동기, 자의에서 생겨나는 것이다. 자기사랑은 이러한 그릇된 본질이고 인간의 덧없음을 야기하는 원인이며 권력, 소유, 행복에 대한 욕망이다. 자기사랑을 통하여 인간은 다른 피조물과 구별된다. 하지만 박애가 그의 마음속에서 은밀히 작용하기 때문에, 인간은 다른 피조물과의 단절을 참을 수 없는 것으로 느낀다. 인간은 반드시 그 단절을 극복해야만 한다. 하지만 그는 자기사랑을 포기하려고 하지 않는다. 그래서 인간에게 주어지는 것은 오직 단절을 욕망으로 연결하는 일뿐이다. 근본적으로 인간은 모든 것을 자기 것으로 만들려고 하고 모든 것을 자기 쪽으로 연관시킨다. 이것이 바로 현상계 내에 등장하는 인간의 그릇된 본질이다.

도대체 이러한 세상 안에서 이웃사랑이 가능한 것인가? 인간의 그릇된 본질, 즉 자기사랑이 이웃사랑을 발휘할 수 있단 말인가?

이 세상 안의 모든 이웃사랑은 자기사랑의 색채를 띠며, 이웃사랑의 토대에는 자기사랑이 있음에 틀림없다. 왜냐하면 그릇된 본질의 모든 활동에는 그릇된 본질의 낙인이 찍혀 있기 때문이다.

그래서 연대는 결코 이타적인 태도가 아니다. 오히려 다른 사람의 자기사랑을 간과할 수 없어서 주어야만 하는 일종의 기부이다. 즉 자기사랑에서 출발하는 것이다. 그리고 자신이 속하는 동아리의 구성원과 맺은 연대도 이타적이고 당연한 것처럼 보이나 자기사랑에서 출발한다. 그 연대의 자명한 존재이유는 그 연대가 자신의 이해관계와 이상의 강화를 뜻하기 때문이 아닐까?

병든 자, 약한 자, 가난한 자를 살피며 자신을 희생하는 이웃사랑은 결코 이타적이 아니라 자기사랑에 강요된 것이다. 자기사랑은 배후로 남아 자신의 이타심에 대한 만족, 충만한 이상에 대한 기쁨, 자신의 중요함과 필요성에 대한 향유, 그리고 감사에 대한 만족과 같은 방식으로 제 모습을 드러낸다. 의무가 습관과 교육을 통해 성향이 되어 버린 것처럼 보이나, 어떤 습관도 어떤 교육도 이 사실을 속이지는 못할 것이다.

이웃사랑을 이상으로 보는 견해에는 분명히 이웃사랑의 예감이 숨어 있다. 그것은 마치 이웃사랑이 오로지 인간의 진정한 본질에만 가능하고 자명한 것과 같다. 그러나 이 예감이 그릇된 본질의 세계에 투영된다면, 그 결과는 성공 가망이 없이 낙심시키고 지치게 만드는 싸움이 된다. 사람들이 이웃사랑을 이 세상에서 실천하려고 한다면, 즉 그릇된 본질인 자기사랑을 소멸하지 않고 이웃사랑을 실천하려고 한다면, 오직 자기사랑만이 내면으로 억제될 뿐이다. 그 결과는 사랑의 강요이다. 사랑이란 결코 강요될 수 없는 것이지만 말이다.

이웃사랑이 가능한 곳은 덧없는 세상과는 다른 세계이다. 인간의 그릇된 본질이 소멸되고 진정한 본질이 나타나는 곳이다. 진정한 본질은 다른 인간의 진정한 본질을 이웃으로 인식한다. 그 다음에 그 이웃은 “사랑 받을 수밖에 없다.”

62

정신적 세계 이외에 아무것도 존재하지 않는다는 사실은 우리에게 희망을 빼앗고 확신을 준다.

정신적 세계, 즉 비밀이 직접 모습을 드러내는 것을 경험한 사람은 그 정신적 세계를 사실로서 의식 속에 받아들인다. 그는 더 이상 그 정신적 세계를 신앙의 내용으로 열망할 필요가 없다. 즉 가정으로 추론할 필요가 없다. 정신적 세계를 사실로 경험하는 것은 이차적 경험을 포함한다. 즉 감각적 세계는 정신적 세계 안에 있는 악이고, 결과적으로 - 부족하기는 하지만 - 정신적 세계의 한 형식이라는 것이다. 왜냐하면 이 형식이 제한된 의식을 만들어 내기 때문이다. 그 제한된 의식이 전체인 정신적 세계 앞에서 모습을 감추고, 그로 인해 정신적 세계를 그 세계의 진정한 방식으로 경험할 수 없는 의식을 만들기 때문이다.

결국 정신적 세계의 경험은 정신적 세계의 확신으로 이어지고, 모든 것이 정신적 세계임을 보여 준다. 그 경험은 무엇보다 의식을 준다. 감각적 세계에 사는 인간도 언젠가는 이미 영원한 정신적 세계에서 존재하였음을 깨닫는 것이다. 물론 눈앞에 붕대를 가리고 하는 의식이다.

그러나 이 확신은 단지 정신적 세계를 사실로 경험하는 자에게 주어진다.

감각적 세계에 국한된 의식을 가지는 인간은 오직 희망에 의존한다. 정신적 세계는 존재하고, 감각적 세계는 일시적이고 부족한 하나의 정신적 형식이며, 어느 날 갑자기 정신적 세계가 제 모습 전체를 드러내며 인간 자신에게도 사실로 보이게 될 것이라는 희망이다.

63

우리의 예술이란 진리에 눈먼 존재이다. 즉 뒤로 피하는 몰골에 빛이 비칠 때, 그것이 참이다. 그 외는 아무것도 아니다.

예술가가 평범한 인간과 구별될 수 있는 두 가지 관점이 있다. 첫째 예술가는 행동이 아니라 상징과 표상으로 표현한다는 것이다. 예술가는 창작함으로써 행위를 한다. 예술작품을 만드는 작업이 바로 그 삶의 행위이다. 아마 그것은 그의 일상생활과 더불어, 혹은 그에 반하여 이루어지는 행위일 것이다.

예술가를 평범한 인간과 구별하는 두 번째 관점은 그가 의식을 가지고 있다는 것이다. 그리고 그 의식이 진리의 빛, 즉 불멸의 비밀에 반응할 수 있는 것이다. 바로 그때 하나의 예술작품이 예술작품인 것이다. 그 작품 속에 진리의 광채가 반영될 때, 예술가의 의식, 즉 그가 대하는 얼굴이 진리에 접하여 시의 행간, 악기의 소리, 붓의 손길 사이에서 그 무엇인가가 그 얼굴에 의해, 그와 더불어 그 얼굴을 향하는 빛에 의해서도 영향력을 발휘할 때, 예술작품이라 할 것이다.

널리 통용되는 견해에는 반하지만, 예술이 오로지 덧없는 질서만을 재현한다면, 예술이라고 할 수 없다. 그것이 아무리 자연의 모습에 충실하고, 혹은 아무리 모험적 관점에 따라 묘사됐다 하더라도 예술이라 할 수는 없다. 작품에 드러나는 의식이 현상의 덧없는 인상들에 의해 자극되고, 진리의 빛에 의하지 않는다면, 그것을 예술이라 할 수 없다.

강한 시력, 강한 눈 그리고 빛에 상응하는 의식을 갖는다면, 인간은 덧없는 세상을 소멸시킬 것이다. 덧없는 세상을 빛에 비추어 볼 것이다. 강하지 못한 눈으로는 세상을 베일에 가린 왜곡된 상태로만 보게 된다. 아마도 그러한 예술가들이 있었을 것이다. 즉 강한 시력을 겸비한 "하늘의 시민"으로서 빛을 어느 정도 견뎌낼 수 있고, 덧없는 세상의 요소들의 도움으로 빛을 언급하려고 하였던 인간들이 있었을 것이다. 그들의 얼굴은 일그러져 몰골이 되지 않았다. 그럼에도 그들의 작품은 덧없는 세상의 요소들로 이루어져, 불멸의 세계에 비하자면 풍자에 불과하다. 물론 제한된 의식에는 그것이 최고의 완성과 조화로 보일지라도 말이다.

우리의 시력, 우리시대 예술가의 시력은 진리의 빛을 감당하지 못하고 일그러진 몰골로 변해 버린다. 즉 경악의 몰골, 고통의 몰골, 혹은 빛을 참으려 애쓰는 몰골로 변해 버린다. 작품이 몰골이 될 수밖에 없는 생성조건은 두 가지이다. 첫 번째 경우는 자기 스스로를 무의미하다고 인식하고 놀란 의식에서 덧없는 세상이 갈기갈기 찢기고 소멸되고 자신처럼 무의미한 모습을 드러내 보이는 것이다. 이러한 작품은 무의미, 즉 고통의 몰골을 보여 주게 된다(물론 그것은 부조리한 것의 무의미가 아니라, 빛과 비교에서 비롯되는 무의미이다). 두 번째 경우는 예술가가 빛을 참으려고 애쓰며 덧없는 현상의 요소들이 빛에 대한 언급으로 봉사하도록 덧없는 현상의 요소들을 배열하는 경우다. 이처럼 무리한 과도가 바로 작품의 일그러진 몰골의 원인이다. 이렇게 작품들은 일그러진 모습에도 불구하고 빛과 비밀에 대한 예감을 만들어 낸다. 그 작품들 속에는 긴장, 즉 빛을 암시하는 광채가 있다.

지금까지 예술작품의 정의를 내리려고 한 모든 노력은 실패로 돌아갔다. 표상의 세계에 속하는 개념의 테두리 안에서 정의를 내리려고 노력했기 때문이다. 그러나 그것이 작품을 예술작품으로 만드는 진리의 반영 혹은 진리의 광채라면, 그 진리는 정의될 수 없는 것으로 오로지 예감만이 가능하다. 즉 예술작품이 비밀에 대한 예감을 중재하는 데 사용하는 수단은 기호이다. 그 기호가 일그러진 몰골의 기호일 수도 있고, 진리에 의해 직접 마련된 것, 혹은 만화경에 뒤범벅이 된 것으로 가정될 수도 있으나, 중요한 것은 비밀의 예감을 중재한다는 것이다. 바로 이것이 작품들을 수세기 동안 지탱시킨다. 비록 작품이 지적, 감성적 기교의 완벽한 결과라 할지라도 그 작품이 진리의 광채가 없다면, 그것이 일그러진 몰골의 작품이든 아름다운 작품이든 간에 그 작품을 망각에 빠지게 하는 것도 바로 이것이다. 또한 오랫동안 무시되었던 작품들이 수면에서 부활할 것이라 기대하게끔 만드는 유일한 것도 이것이다 - 작품의 부활을 기대 할 수 있는 시점은 비밀이 스스로를 암시하는 특별한 방법을 받아들일 수 있을 만큼 인간들이 충분히 성숙한 이후이다.

64/65

낙원으로부터의 추방은 그 주요 부분만을 볼 때 영원하다. 즉 낙원으로부터의 추방은 돌이킬 수 없고 세상에서의 삶은 피할 수 없지만, 그럼에도 불구하고 과정의 영원성은(혹은 시간적으로 표현하자면 과정의 반복은) 우리가 지속적으로 낙원에 머물 수 있을 뿐만 아니라 실제로 거기에서 지속적으로 있을 수 있게 해 준다. 여기서 우리가 그것을 아는지 모르는지는 문제가 되지 않는다.

비밀은 두 가지 존재방식의 비밀로서 드러날 수도 있다. 그 두 방식은 인간의 마음속에 서로 공존한다. 인간은 "하늘의 시민"이지만, 그 사실을 경험하지 못하고 그 상태를 표명하지 못한다. 그러한 존재방식은 잠재적이고 가능성의 상태에 머물러 있다. 인간은 하늘의 시민이 존재하는 방식을 실현하지 않기 때문에 다른 존재방식을 따르게 된다. 즉 인간은 "지상의 시민"이다. 이것은 근원적 존재방식을 상실하고 낙원으로부터 추방된 결과로서 나타난 것으로, 지상의 시민이 가지는 존재방식에 대한 판결은 확정되어 있다. 이 존재방식은 낙원으로부터, 즉 하늘의 시민생활로부터 제외되었고, 그것은 더 이상 돌이킬 수 없는 상태이다. 이 존재방식은 잘해야 다른 존재방식을 예감할 수 있을 뿐이다. 지상에서의 삶은 피할 수 없다. 그렇다. 삶뿐만 아니라 죽음까지도 영원성으로부터 제외되었음을 선명히 나타내는 징후로서 피할 수 없다.

이 두 가지가 서로 결합된 존재방식은 다음과 같다. 즉 하늘의 시민이 존재하는 방식은 실현되지 못한다. 그러므로 그것은 의식되지 못하는 방식이다. 그리고 지상의 시민이 존재하는 방식은 실현된다. 그러므로 의식될 수 있는 방식이다. 이 두 방식의 공존은 항상 매순간 주어져 있다. 그 이유는 하늘의 시민이 될 가능성이 영원하기 때문이다. 그리고 그 존재방식과 병행하여 지상의 시민이 존재하는 방식 또한 출생과 죽음 사이에만 국한되지 않고 죽은 자의 나라에서도 지속되기 때문이다. 즉 새로운 육체의 도움으로 다음 출생과 죽음 사이의 삶이 시작되기 때문이다.

이러한 잠재적인 영원한 존재상태 그리고 확연하게 덧없고, 출생과 죽음을 지속 반복하는 존재상태 사이의 병행성은 낙원으로부터의 지속적인 추방을 의미한다. 혹은 덧없는 존재상태의 관점에서 볼 때 하늘의 시민이 존재하는 방식을 행하지 않으려는 지속적인 거부이다. 이러한 거부를 취소한다면 매순간 그 취소는 낙원으로의 귀의를 의미할 것이다. 다시 말하면 항상 가능성으로 주어져 있는 하늘의 시민으로서의 존재방식은 의식되고, 그로 인해 확연해질 수 있을 것이다.

66

그는 자유롭고 보장받은 지상의 시민이다. 왜냐하면 그는 사슬에 매여 있고 그 사슬의 길이가 길어서 모든 지상 공간을 활보하기에 충분하기 때문이다. 그래도 그 길이는 인간이 지상의 경계를 넘어서지 못하도록 되어 있다. 그와 동시에 그는 자유롭고 안전을 보장받은 하늘의 시민이다. 왜냐하면 그는 유사한 길이의 하늘사슬에 매여 있기 때문이다. 그가 지상을 원할 때면 하늘의 사슬이 목을 조르고, 하늘을 원할 때는 지상의 사슬이 목을 조른다. 그럼에도 불구하고 그는 모든 가능성을 가지고 있고 또 그것을 느낀다. 아니 심지어 전체를 첫 속박에서 범한 잘못의 탓으로 돌리기를 거부하고 있다.

그래서 비밀에 의해 불안해진 인간은 두 가지 존재가능성 사이의 경계선에서 자기 자신을 체험한다. 인간은 이 두 가지를 서로 일치시킬 수 없는 것으로 감지하지만, 자신이 그 두 가지에 다 속하고 원칙적으로 그 두 가지를 완전히 이용해 낼 수 있다는 것도 알고 있다. 그러나 인간이 이 두 가지 존재가능성 중 한 가지에만 몰두하려고 하면, 당장 다른 가능성이 찾아와 명령조로 요구한다. 인간이 지상으로 향하면, 그는 모든 지상현상의 불완전을 경험하고 자신의 운명이 다른 영역에 있다는 예감이 엄습하게 된다. 인간이 애를 써 다른 영역으로 향하면, 그는 지상이 무시되어서는 안 되며 자신에게 또한 정해진 거주지임을 경험하게 된다. 사람들이 그에게 지상을 포기하고 하늘을 얻으라고 말하면, 그의 마음속에는 통찰력이 생기면서, 지상의 구속은 필수적이고 선하다고 말한다. 즉 인간은 "전체를 첫 속박에서 범한 잘못의 탓으로 돌리기"를 거부한다. 인간은 지상의 구속이 잘못이었다고 가정하기를 거부한다.

이러한 내적 갈등을 인정하는 것이 벌써 그로부터 구원되기 위한 시작이다. 왜냐하면 이렇게 인정하는 것으로부터 조급하게 애써 한 방향으로 쏠리는 것을 포기하기에 이르기 때문이다. 이것은 바로 비밀을 변화시키는 힘을 위한 전제조건이다. 그 힘은 의식을 서서히 변하게 만들고, 그 의식은 어떻게 천상과 지상의 일치가 완전히 새로운 조건하에서 가능한지 인식하게 한다. 그러면 인간은 변화된 형식을 가지고 그 두 영역에서 동시에 그리고 두 영역과 완전한 일치를 이루며 살게 될 것이다. 바로 그것이 그의 운명에 상응하는 것이다.

67

그는 사실들을 뒤쫓아 다닌다. 그것은 마치 스케이트 초보자가 금지된 구역에서 연습하는 것과 같다.

빛이 눈부셔 흉측하게 얼굴을 찡그리는 한 인간처럼 인간은 갑자기 편견의 단단한 일상적 바닥으로부터 새로운 현실의 미끄러운 얼음판으로 빠져들게 될 때, 즉 그 새로운 현실에 대한 인간의 인식능력과 행동능력이 충분치 못할 때 정신없이 헤매게 된다. 그는 움직임이 불안할 뿐만 아니라 몸과 마음이 완전히 불일치하고 새로운 바닥을 감당해 내지 못하게 된다. 얼음판의 구조와 성질이 신뢰할 수 없는 것으로 드러나거나(인간의 일상적 개념적 사고에 있어서 비밀의 세계, 즉 정신적 사실들의 세계는 접근 불가능한 것이고, 인간의 일상적 개념적 사고는 항상 정신적 사실들을 비켜 나간다), 혹은 세상이 인간에게 "주먹"을 드러낸다. 다시 말하자면 인간은 넘어지며 현상들의 험한 사실들을 배우게 된다. 인간 스스로의 몽매한 의식과 요지부동 때문에 정신의 사실들이 서서히 현상들의 험한 사실들로 변한다. 그러나 인간이 능숙하다면, 즉 정신의 사실들에 상응하는 의식과 행위를 보유한다면, 그는 번개처럼 얼음판을 질주할 것이다. 아주 의연하고 절제된 모습을 보일 것이다. 얼음판의 성질을 자유롭게 장애받지 않으며 불편없이 가뿐한 것으로 경험하고 무겁게 저항하는 현상의 세계에 반하는 것으로 느끼며 정신적 세계의 사실들 속에서 살게 될 것이다. 즉 그는 더 이상 그 뒤만 좇아다닐 필요가 없는 것이다.

정신적 세계가 인간에게 스스로를 표현하는 장소, 즉 인간이 얼음판 위로 향할 수 있는 장소가 있다. 연습이 허용되는, 모든 인간에게 "올바른" 장소는 인간의 개별적 현존, 즉 갑자기 새로운 현실의 미광이 들이닥치는 왜곡되지 않은 일상의 현실이다. 바로 이 일상의 현실에서 인간이 확신할 수 있는 바는 새로운 현실이 그를 자신의 실재적 성질 그대로 발견한다는 것이다. 그러나 인간은 항상 "금지된" 장소에서 연습하려는 유혹에 놓여 있다. 즉 개념적 사고로 애써 새로운 현실로 들어가려 하거나, 혹은 명상과 춤 등으로 그 새로운 현실을 억지로 불러오려는 유혹에 놓여 있다. 언젠가는 얼음판으로부터 내몰리게 되고 연습이 허용되는 장소를 찾아야 한다. 그 "장소"는 비밀에 대한 참을성 있는 자세에 있다. 그와 더불어 비로소 일상의 현실이 받아들여진다.

68

가정의 수호신을 믿는 일보다 더 흥겨운 일이 있으랴!

하나의 삶은 비밀의 요구를 대하고서부터 비로소 자신의 전망과 비중을 갖게 된다. 비록 인간이 삶의 의미를 찾지 못하고 정신을 잃고 헤매며 애쓴 보람도 없이 목적에 도달하지 못할 것처럼 보이지만, 그래도 그의 삶은 비밀의 비중과 관련해 볼 때 의미 없는 투쟁은 아니다. 모든 다른 삶도 이러한 특별한 비중 없이 진행되고 있다. 운명과의 싸움은 영웅적이고 고통이 주는 강압은 참기 어려운 것일지도 모른다 - 그러나 이러한 삶에 결정적인 목표와 비중이 없다면, 그 삶은 금방 사라져 버릴 욕구와 충족의 넓은 길 위를 그저 공허하게 달리는 것일 뿐이다.

그러나 이러한 공허한 질주가 가장 즐거울 때는 바로 인간이 신 하나를 하인처럼 고용하여 같이 다닐 때, 즉 인간의 크고 작은 부탁을 들어주고 크고 작은 감사할 만한 일을 책임져 줄 신을 옆에 둘 때이다. 왜냐하면 그로 인하여 인간은 비밀의 요구가 주는 중력으로부터 가장 확실하게 빠져나갈 수 있고, 자신이 인생 여정을 나아감에 있어 모든 삶의 불편함을 가장 쉽게 넘어서게 되기 때문이다. 대책 없이 허둥지둥, 닫혀진 마차의 커튼, 천진난만하게 대화를 즐기는 마차 탑승객들 - 이런 식으로 자기기만은 절정에 이른다.

가정의 수호신에서는 인간이 가지는 욕구에 대한 생각이 반영된다. 이러한 욕구에 대한 생각을 만족시킨다는 희망은 인간을 즐겁게 만든다.

그러나 비밀 속에서 인간에게 닥치는 것은 진정한 본질, 즉 고려하기를 요구하는 비중이다. 요구되는 고려의 본질은 모든 그릇된 즐거움을 포기하라는 데 있다. 즉 욕구에 대한 생각, 그리고 자신의 수호신에 대한 믿음을 포기하라는 것이다. 바로 여기서부터 비중에 대한 확실한 근거가 마련되고 진정한 기쁨이 생긴다.

69

이론적으로는 완전한 행복의 가능성이 한 가지 있다. 즉 자기 안에 있는 불멸을 믿고 그를 애써 지향하려고 하지는 않는 것이다.

인간 내면에 있는 불멸은 무엇인가? 인간이 덧없는 세상 속에서 행동하고 인식하는 능력인가? 이러한 능력으로부터 생기는 경험인가? 신념인가? 삶인가? 미와 진리를 알아보는 감각인가? 이러한 모든 것은 파괴 가능한 것으로서 덧없는 현상, 동기, 표상의 결과이고 구성요소이다. 그렇다면 도대체 인간 내면에 무엇이 불멸인가? 그것은 비밀, 진정한 본질, 중심점이다.

비밀에 반응하는 능력은 비밀에 대한 믿음이다. 그 믿음은 비밀 그 자체가 그러하듯이 속을 다 들여다볼 수 없는, 감각적 의식이 파악할 수 없는 대상이나 영향력을 지니는 것이다. 그렇다. 일단 비밀을 관념과 형상에 연결된 제한된 의식으로 파악하기를 포기하는 것이 비밀의 전개를 허용하는 것이다. 이러한 비밀의 전개를 촉진하는 유일한 방법은 제한된 의식의 정적 상태이다. 그를 통하여 비밀에 반응하는 능력, 즉 믿음이 활발해진다. 인간 내면의 불멸에 대한 믿음은 불멸에 접하는 것이고 그를 위한 열린 마음이다.

이 믿음은 동시에 국한된 의식의 평온함이다. 그 평온함 속에서는 모든 표상,

노력, 행위가 멈춘다. 이러한 조건하에서만이 비밀은 자신의 존재를 증명할 수 있다 - 그리고 이것이 완전한 행복을 의미할 수도 있을 것이다. 즉 비밀을 경험하려고 애쓰는 노력이 침묵하고, 인식 불가능한 불멸인 비밀 그 자체가 그냥 조용히 현존하는 것이다.

그러나 이러한 행복의 가능성이 한계를 지닌 인간에게는 그저 이론적인 것일 뿐이다. 인간 내면에 있는 참을성 없는 마음이 언제 완전히 침묵하겠는가? 영혼의 마지막 구석에 생기는 의구심은 언제 사라지겠는가?

70/71

불멸은 하나이다. 모든 개인이 불멸이고, 동시에 모든 인간에게 불멸은 공통점이다. 그로 인해 인간들 사이에 유례없는 불가분의 결합이 있다.

"인간들 사이의 유례없는 불가분의 결합" - 알려진 혹은 감춰진 분열이 인류, 민족, 가족, 부부, 우정 안에 만연되어 있음을 보면 마치 냉소처럼 들린다. 그런데도 인간이 서로 증오하는 것이 가능할까? 서로 특정한 신념과 태도를 강요하는 것이 가능할까? 이런 일이 뜻대로 되지 않을 경우 서로를 파멸시키는 일이 가능할까? - 서로 무관심하고 비밀을 알지 못한다면서 말이다. 그들 사이에 근본적인 공동체가 존재하는 것이 가능할까? 이 공동체가 실현되는 것이 가능한가? 분열이 생기는 이유는 인간이 만들어 낸 공통점에 대한 관념과 실현해 나가는 길이 서로 다르기 때문이다. 관념은 개인, 무리, 민족, 문화가 가지는 한정된 의식의 표현이다. 인간에 관한 이상적 관념, 공동이념, 철학적 체계, 종교적 교조는 인간들의 일치를 가정하고 그것을 목표로 삼으며 모두 다 함께 인간의 공통점에 대한 신성한 깨달음에서 출발한다. 그럼에도 불구하고 관념은 개인, 무리, 민족의 관심사에 의해 형성되고 관심사가 서로 상이하듯이 그렇게 상이한 것이다.

그러나 실재적 공동체는 관념과 관심사 밖에 있다. 그 공동체가 경험될 수 있고 유효해지기 위해서는 모든 파멸 가능한 것, 바로 이 온갖 종류의 관념과 관심사가 제 영향력을 잃어야만 한다. 그때서야 비로소 모든 인간 내면의 불멸이 스스로를 표명해 보이고, 각 개인 스스로가 동일한 근본과 결합되어 있음을, 그리고 다른 모든 인간과 하나임을 경험하게 될 것이다.

공통점은 불멸의 현실로서 드러날 것이고, 모든 파멸 가능한 것, 그와 동시에 파괴적인 것은 마치 유령처럼 사라질 것이다.

거기로 향하는 길은 희망, 혹은 방책의 수립을 통하여 파괴 가능한 관념들과 그로부터 비롯된 삶의 방식들을 조화롭게 만들려고 해서 되는 것이 아니다. 오로지 인식을 통하여, 즉 관념이 절대화되고 인간의 내적 일치가 외적 일치에 의하여 대체될 때 그 관념은 파괴적인 것이 된다는 인식을 통하여 가능하다.

72*

동일한 인간 내면에 완전히 서로 다르면서도 동일한 객체를 가진 인식들이 있다. 그래서 동일한 인간 내면에 있을 서로 다른 주체를 또 다시 추론하지 않을 수 없다.

모든 인간에게 공통적인 불멸이 개인과 무리의 제한된 의식에 의해 아주 다양하게 받아들여지고 그를 통하여 또한 서로 다르게 "굴절"되는 것처럼, 개인 내부에 있는 상이한 상태와 의식의 정황은 하나의 동일한 객체도 아주 상이한 방법으로 인식한다.

인간은 변덕스럽다. 분위기는 바뀌고 입장이 변한다. 기후조건, 소화, 혹은 숙면의 여하에 따라 달라지는 것이다. 인간은 조금만 마음이 상해도 회의주의에 빠져들고, 조금만 성공해도 자부심과 "선에 대한 의지"로 넘쳐흐른다. 인간은 다른 인간에 대한, 혹은 대상에 대한 판단이 변하는 상태에 따라 달라진다. 동일한 인간도 우리가 관용의 상태에 있을 때는 인종의 화려한 본보기이고 도움이 되는 자로 보이며, 마음 속 깊은 원한의 상태에서는 이기적이고 자기 이익만을 생각하는 편협과 위선을 일삼는 자로 보인다. 인간은 매순간 다른 사람이 되고 결코 동일한 주체는 아니다.

교대되는 의도와 분위기에 적용되는 것이 인간 내면에서 서로 교대될 수 있고 마치 한 인격에 여러 주체가 있는 것과 같은 인상을 불러일으키는 의식의 단계들에도 다른 방식으로 적용된다. 인간은 완전한 성공, 행복 그리고 물질적 욕구의 충족만을 지향할 수도 있다. 그러나 그 인간의 내면에는 일종의 천성이 모습을 드러내고 인간으로 하여금 일상의 지식을 뛰어넘는 지식이 있다는 것을 예감하게 만든다.

현실의 보다 더 높은 합법칙성과 부합하는 성향이 침묵하는 때에 인간은 삶이 오로지 물리적, 화학적 법칙에 의해 지배된다고 생각한다. 즉 어떤 것도 인과관계와 시공관계 밖에서 이루어지지는 못한다. 또 다른 때에 인간은 삶이 자신에게 일시적으로 파악될 수 없는 의미를 주는 비밀스러운 질서 속에서 진행된다는 느낌을 가진다. 우연이 운명이 되고 통계가 목적성이 되며, 절망이 끝없이 먼 곳의 입구가 된다.

73

그는 자신의 식탁에서 떨어진 찌꺼기를 먹는다. 그로 인해 비록 다른 모든 사람보다 조금 오래 배가 부르지만, 식탁 위에서 먹는 것을 잊어버리게 되고 그로 인해 떨어진 찌꺼기도 없어지게 되는 것이다.

인간 의식 속에 있는, 즉 "자신의 식탁"에 있는 비밀을 부르는 것만이 삶에 효력과 비밀스런 힘을 부여한다. 삶의 피상적 관계가 인식될 수 없는, 불멸의 질서의 비밀스런 선에 의해 방해받을 때, 그 삶은 무궁무진한 것과 연결된다. 이성과 직관이 이 질서로부터 잽싸게 빼앗은 모든 것, 그리고 철학, 예술, 종교로서 개념화, 형식화된 모든 것은 이미 떨어진 찌꺼기이다. 즉 근원으로부터 파생된 것으로서 근원 그 자체는 아니다. 빛을 다소간 뚜렷하게 비추지만 빛 그 자체는 아니다. 이러한 파생과 찌꺼기만 먹고 사는 사람, 즉 인류 역사와 개인적 삶의 과정 속에서 저승 삶의 흐름에 대한 반응으로 생긴 철학, 예술, 종교만을 먹고 사는 사람은 마치 환락경에서 달콤한 죽으로 된 산들 사이에 둘러싸인 것처럼 엄청난 풍요함 속에, 끊임없이 많은 문화재들에 둘러싸였다고 착각할는지 모른다.

그러나 그냥 이루어진 것의 과잉 속에서 인간은 갈 길을 잃는데, 바로 이 과잉이 근원에서 비롯되는 모든 단단하고 강하게 만드는 자양분으로부터 인간을 분리시킨다. 이렇게 인간은 새로운 파생과 찌꺼기를 생산하는 방법도 점점 잊어버리게 된다. 왜냐하면 근원이 더 이상 이성과 직관을 통하여 간접적으로나마 자신을 표현할 수 없기 때문이다.

결국 인간을 엄습하는 것은 혐오와 권태뿐이다. 그것은 과거의 옷을 수백 번 뒤집어 입고 찌꺼기를 데워 마지막 남은 것까지 먹어 없앨 때 생기는 느낌이다.

74

낙원에서 파괴되었다고 하는 것이 파괴될 수 있는 것이었다면, 그것은 결정적인 것이 아니었음에 틀림없다. 그러나 그것이 파괴될 수 없는 것이었다면, 우리는 그릇된 믿음 속에 살고 있는 것이다.

영원한 것은 파괴될 수 없고, 파괴될 수 없는 것은 영원하다. 일반적인 불멸, 영원한 것, 즉 신에 근거를 두고 있는 불멸이 인간 내면에 존재하기 때문에, 인간이 신과 이루는 합일 그리고 신이 인간과 이루는 합일은 영원하고도 파괴될 수 없는 것이다. 바로 이것이 모든 존재의 결정적인 토대이다. 그러나 우리는 믿음 속에서, 다시 말하자면 경험과 그 경험에서 비롯되는 의식 속에서, 즉 신과 우리의 합일이 파괴되어 버렸다는, 그리고 우리가 낙원으로부터 추방되었다는 의식 속에서 살고 있다. 신으로부터 분리되어 있다는 의식은 명백하고 불가피한 것이다. 따라서 그것은 신과 우리와의 합일이 불멸이라는 전제와 모순이다.

이러한 모순은 어떻게 풀릴까? 우리가 그저 실수로 신과의 합일이라고 명명하지만 불멸의 합일은 아닌 어떤 것이 파괴되었기 때문에, 이것은 결정적인 것이 못 된다. 혹은 합일의 파괴에 대한 우리의 의식이 착오에 기인하는 것인데, 그 착오는 자신을 극복하여 내다볼 수 없기 때문에 스스로 정당하다고 느낄 수밖에 없다.

이 두 가지, 신과 합일에 대한 그릇된 관념 그리고 불멸의 합일이 파괴되어 버렸을지 모른다는 착오는 해명될 수 있어야만 한다.

두 번째 가능성에 대하여 말하자면 이러하다. 신과 이룬 불멸의 합일은 존재하였고 지금도 존재하며, 낙원의 상태로 설명되고 있다. 인간의 특정한 태도와 특정한 의식이 이러한 불멸의 합일에 상응한다. 만약 인간이 더 이상 불멸의 합일이 가지는 법칙에 따르지 않고 자신의 관념이나 동기에 따라 행동한다면, 그는 이러한 관념이나 동기를 통하여 신과 이루는 합일의 세계 한가운데에 자신의 관념과 동기의 세계를 구축하는 것이다

인간의 의식은 이 세상에 적응한다. 근원적 합일, 즉 근원적 실재는 계속 지속하고 있지만, 이제 인간 의식이 관념과 동기의 세계에 매여 있으므로 인간에게 모습을 드러내지는 않는다. 이것은 마치 잠자는 사람의 의식이 깨어 있는 의식의 것들을 외면하고 꿈으로 향하고 있는 것과 같다. 외부세계의 소리와 소음은 계속 존재하고 인간의 귀에 밀려들지만 그는 듣지 않고, 그 소리는 숨어 그에게 모습을 드러내지 않는 것이다. 깨어 있는 의식의 현실로부터 분리되어 꿈의 현실 속으로 들어가 버린 것이다. 종종 강한 인상이 그를 잠으로부터 끌어내는 경우도 있지만, 잠에 취한 그는 깨어 있는 현실로 향하지 못한다. 그 깨어 있는 현실을 그저 예감으로서 자신의 꿈속으로 가져갈 뿐이다.

이렇게 불멸의 세계도 우리의 파괴 가능한 관념과 동기의 의식 속에서 종종 스스로를 주장하게 되는데, 그때 우리는 신과 이룬 불멸의 합일에 대한 그 무엇인가를 예감하게 된다. 이러한 예감을 배후에 둘 때에만 그 무엇인가가 파괴되어 버렸다는 믿음이 생겨날 수 있다. 그러나 관념과 동기로 이루어진 의식으로부터 불멸의 세계를 향하여 귀기울일 수는 없다. 그래서 그 분리는 되돌릴 수 없다는 인상이 생기게 된다.

첫 번째 가능성에 대하여 말하자면 이러하다. 관념과 동기의 세계 안에도 합일이 존재한다. 그러나 물론 그 합일은 파괴 가능한 것이다. 이 세계 안에서는 각각의 존재들이 서로 확연히 분리된다. 이 세계의 뿌리가 바로 그 분리이다.

그러므로 여기서 합일은 이 분리를 다소간이나마 이어 주는 허약한 다리일 뿐이다. 그러나 인간은 합일의 지속성에 대해 채우지 못할 동경을 가지고 있다. 아마 이 동경은 불멸의 세계로부터 비롯되는 스쳐 지나가는 인상에 의해 생겨났을 것이다. 인간은 관념 속에서 본질을 만들어 낸다. 그 본질은 관념과 동기의 세계로부터 비롯된 모든 이상의 구체화, 즉 "집안의 수호신"이다. 그리고 인간은 집안의 수호신과의 합일을 꿈꾼다. 그 합일이란 관념과 동기로 이루어진 세계 내의 분리를 극복하는 다리와 똑같은 것이고 인간 스스로가 불멸로 생각하고 적어도 집안의 수호신 측에서 볼 때 불멸로 생각되는 것이다. 집안의 수호신과 합일한다는 것은 아마 공감과 신뢰의 일치일 것이다. 예를 들자면 어린아이가 부모와 합일하는, 그리고 역으로 부모가 어린아이와 합일하는 것으로 볼 수 있다 - 그러나 끝없는 것으로 생각되지는 않는다. 아니면 계약에 의한 질서 속에서 서로 이행하는 합일일 수도 있다. 즉 인간이 신의 명령을 따른다면, 그는 인정과 신의를, 은총과 구제를 받게 될 것이다.

이러한 종류의 합일은 낙원 안에 주어져 있었다고 인간은 상상한다. 그러나 만약 신과의 이러한 합일의 낙원이 존재했더라면, 그 낙원의 파괴는 결정적이지 않았을 것이다. 왜냐하면 이런 식의 합일이 결정적이지 않기 때문이다.

두 가지 가능성을 통하여 인간은 신과의 합일을 회복하고자 노력한다. 집안의 수호신과 합일하는 경우에는 인간이 스스로 상상하건대 일방적으로 인간의 불복종에 의해 파괴되어 버린 합일을 새로운 신뢰나 새로운 복종의 이행을 통해서 되찾으려 노력한다. 그러나 인간이 되돌려 받는 것은 오로지 환상뿐이다.

신과의 진정한 합일이 결정적인 것이다. 잠자는 자가 꿈의 세계를 떠날 때, 인간이 동기와 관념을, 즉 분리와 그릇된 의식의 근거를 소멸시킬 때, 그 합일은 숨은 모습을 다시 드러낸다.

75*

인간성에 비춰 너 자신을 시험해 보라. 인간성은 의심하는 자를 의심케 하고 믿는 자를 믿게 만들 것이다.

인간의 자기인식은 자기와 인간성과의 관계를 인식함으로써 이루어진다. 인간이 인간성에 대한 믿음을 갖고 인간성의 발전에 하나의 의미가 있음을 신뢰한다면, 그는 자신의 내면에도 믿음이 있음을, 즉 인간성의 목표에 대한 믿음을 추론할 수 있을 것이다. 그렇다면 인간성의 목표, 인간의 목표, 개인의 목표란 무엇인가? 그것은 인간의 운명을 인식하고 실현하는 것이다. 그러나 그 인간의 운명은 스스로를 소멸하여 불멸과, 즉 현재 우리의 의식에는 아직 비밀로 숨어 있는 것과 합일을 이루는 것이다.

인간이 인간성에 대해 의심할 경우, 다시 말해 인간성의 존속에 어떤 의미 있는 목표가 있을 것인가에 대하여 의구심이 생길 때, 그는 자기 자신에 대하여, 자기 자신의 운명에 대하여, 그리고 삶이 어떤 의미를 지니고 있는지에 대하여 의구심이 있음을 추론할 수 있다.

모든 인간은 결국 자기 자신을 인간성에서 보게 된다. 모든 인간은 인간성의 대변자이다. 스스로 나타내는 믿음도 스스로 품은 의심도 인간은 인간성에서 발견하게 될 것이다. 인간성은 인간에게 그것을 반영할 것이다. 단지 직접 비밀에 접한 자만이 진보를 위한 인류의 모든 불충분한 노력의 뒤에 아직 펼쳐지지 않은 질서의 앞으로 돌진하는 힘이 있음을 볼 수 있다. 그 질서 속에서 사는 것이 바로 인간의 운명이다. 비밀에 마음을 닫아 버리는 자는 인간성에 절망하지 않을 수 없다. 그는 오로지 모든 노력이 가망 없는 것임을 확인할 뿐이다. 즉 자기 자신과 인간성이 어찌할 바를 모르며 사변적 낙관론, 회의, 좌절 사이를 오락가락할 뿐이다.

76

"여기에 닻을 내리지 않으리"라는 이 느낌 - 그러면 바로 주위에 파도가 치며 떠받쳐 주는 물결을 느낀다!

항상 우리는 상황, 사람, 관념 속에 단단히 닻을 내리고 있다. 우리는 덧없이 사라지는 현상 속에서 문화, 민족, 사회적 구조와 같은 겉보기에 안정된 형식에 매달리게 된다. 그리고 그 형식 속에서 우리는 불변하는 위치를 접할 수 있으리라고 믿는다. 우리는 타인에 대한 사랑이나 미움으로 서로 얽히게 된다. 우리는 불멸하다고 간주되는 원칙, 가치와 완전한 일치감을 느낀다. 그럼에도 사슬은 끊어지고 "여기에 닻을 내리지 않으리"라는 느낌이 생기게 된다. 상황, 인간, 관념은 자신의 고유한 나와는 분리된 존재이고 덧없는 것이다. 나를 그것들에 묶어 두는 것 역시 덧없기는 마찬가지이다. 이것이 바로 사슬을 끊어 주는 비밀에 은밀히 접하는 흔치 않은 순간이다!

이러한 순간에 인간은 일시적이나마 자유롭다. 그러나 자유가 인간에게 불안을 주기 때문에, 즉시 인간은 구원을 줄 듯한 닻을 향해 다시 손을 뻗친다. 인간이 잠시만이라도 자유를 견딘다면, 그는 자신을 떠받쳐 주는 힘을 감지할 것이다. 물론 이 떠받쳐 주는 힘은 그를 닻으로부터 휩쓸어 냈던 바로 그 힘이다. 왜냐하면 그 힘은 생동하고 움직이며 그와 동시에 불멸하는 것이고 인간을 끌어당기려 하는 것이다. 이러한 경험은 현상의 범람 속에서 표류하는 것과는 아무런 관계도 없다. 단지 상황, 인격, 관념 따위에 구속되던 것이 이제는 순간의 흐름의 구속으로 대체된 것일 뿐이다. 즉 표면 위를 그저 즐겁게 항해하는 것으로 대체된 것일 뿐이다. 이러한 물결은 단지 망각 속에서만 출렁일 것이다. 아니면 갑자기 암초와 암벽을 향하여 덮칠 것이다. 출렁이는 물결에 닻을 내리지 못한다. 그럼에도 그 떠받쳐 주는 물결은 바로 깊이를 알 수 없는 힘으로서 인간과 인간의 삶을 생산하는 의식과 운명의 힘들 뒤에서 작용하는 것이다.

76*

하나의 급선회다. 숨어서 엿보고 겁에 질려 희망을 품은 채, 대답은 질문의 주변을 맴돌며 막힌 눈을 하고 절망적으로 찾는다. 대답이 질문을 뒤쫓는데, 그 길은 가장 의미 없는, 즉 대답으로부터 가능한 한 멀어지고자 애쓰는 길이다.

벌써 급선회가 일어난다. 형상, 고정, 욕구, 그리고 습관, 불안 등의 무리는 한 순간에 다른 현실의 힘에 의해 마치 소멸된 듯하였으나, 또 다시 소심한 인간을 사슬로 묶고 사방으로 잡아당기고 있다. 수천의 닻으로 인간은 다시 현상에 묶여 버리고, 붙잡을 수 없는 체험에 대한 기억만이 남을 뿐이다.

그래도 기억은 있다. 그것은 비밀이 실제로 경험되지 않고 오로지 가능성으로만 느껴진다는 것을 의미한다. 즉 막힌 눈을 가진 물음이 답을 갈망하는 것으로, 즉 비밀로 느껴지는 것이다. 그 물음, 즉 비밀에 대한 올바른 답은 무엇인가? 그 답은 인간의 특정한 상태이다. 즉 인간이 비밀을 받아들일 수 있는 상태이다.

인간 그 자체가 답인 것이다. 파도치며 떠받쳐 주는 힘을 받아들이는 상태에 있는 인간이 바로 답이다. 그러나 인간은 겁에 질려 숨어 버리고 엿보기만 하며 절망과 긴장의 상태에서 찾아 헤매기 때문에 점점 그 물음으로부터 멀어져 간다. 왜냐하면 긴장과, 파고드는 심사숙고의 상태, 개념적 이해를 시도하는 상태, 혹은 비밀을 명상하면서 남용하는 상태는 물음으로부터 점점 더 멀어지게 만들기 때문이다. 긴장이 심하면 심할수록, 참을성이 없으면 없을수록 더욱 멀어지게 된다. 비밀을 향한 인간의 개방적 상태가 약하면 약할수록, 인간은 던져진 물음에 대답할 수 없게 되고 스스로 답이 될 수 있는 것으로부터 점점 더 멀어지게 된다.

77

인간들과의 교제는 자기관찰을 하도록 유혹한다.

자기관찰이란 무엇인가? 이성적 판단력과 지각력의 활동이다. 이러한 범주와 척도를 통하여 행동, 감정, 상황, 생각들이 의식화된다. 이성적 판단력 및 지각력의 범주와 척도는 무엇인가? 그것은 타인의, 혹은 자기 삶의 과거로부터 비롯된 행동, 감정, 상황, 생각을 비교하는 범주와 척도이다. 그 범주와 척도의 도움으로 인간은 자기 자신을 질적으로나 양적으로 동등하거나 높거나 낮은 것으로, 좋거나 나쁜 것으로, 힘이 세거나 약한 것으로, 부유하거나 가난한 것으로 등급을 매긴다. 그것을 통하여 인간은 자기 자신에 대해 알게 된다. 물론 그것은 덧없는 특성 및 관계의 범위 내에서 이루어진다.

그래서 얻어지는 것은 무엇인가? 인간이 비밀의 부름을 받을 때, 그는 이런 식의 지식이 현실을, 즉 자기 자신과 세계를 조작하는 데 도움이 될 뿐, 사물본질과 자기본질의 현실을 경험하는 데는 이바지하지 못한다는 것을 느낀다. 인간이 갈망하는 것은 자기 자신과 그리고 자신의 특성을 타인과 비교하여 알려는 것이 아니라, 자기 자신 그 자체를 경험하고 스스로를 인식하려는 것이다. 즉 그가 갈망하는 것은 덧없는 특징들의 옷을 입은 절대불멸의 계시를 찾는 것이다. 이러한 인식은 두뇌에서 생기는 것이 아니라, 심장이 비밀에 접할 때 생기는 것이다(물론 인식이 추후에 이성에 의해 정리될 수도 있다).

모든 인간과의 교제는 - 일반적으로 이성적 범주와 척도의 영역에서 이루어지는 교제는 - 비교하도록, 자기관찰을 하도록, 지식을 가지도록 유혹한다. 왜냐하면 인간은 바로 이 영역에서 활동하기 때문이다. 스스로에 대한 이러한 지식은 인간에게 자아가 모습을 드러낼 수 있는 길을 가로막는다.

78

정신은 지주이기를 포기할 때 비로소 자유로워진다.

인간에게 지주란 우선 자신에게 물질적 생존을 보장해 주는 것을 말한다. 예컨대 땅, 직업, 가족, 재산, 성과이다. 인간은 이런 모든 것이 영속적이지 못하다는 것을 알고 나면, 소위 정신적인 대상에 자신을 의지하려고 한다. 자연이나 예술의 아름다움에서, 종교가 주는 위안과 희망에서, 철학의 통찰에서, 완전한 삶을 실현시키려는 이상에서 지주를 찾는 것이다. 인간이 지주라고 찾는 이러한 이념들이 과연 전체를 기초하고 전체를 움직이는 살아 있는 질서의 의미에서 정신이라

할 수 있는가? 그것은 물론 인간의 상상력이 만든 추상적인 형상일 뿐이다. 확고부동한 질서에 대한 동경으로부터 비롯되었지만, 그저 독단이고 버팀목일 뿐이다.

인간이 이것을 경험한 후라면, 아마 그는 자라기 시작할 것이다. 비밀의 작용을, 즉 전체에 기초가 되고 전체를 움직이는 정신의 작용을 받아들일 만큼 성숙해지려 할 것이다. 아마 그는 어느 날 갑자기 아직 숨어서 모습을 드러내지 않는 정신의 입김을 경험할 것이다. 당장에 이 경험을 꽉 붙잡으려고 할 것이다. 그는 이 경험이 지속되고 이 정신이 필요할 때면 언제나 갖기를 원할 것이다. 이 정신으로부터 법칙을 엿듣고 정리하여 그 법칙에 따라 행동하고 생각할 수 있게 되기를 원한다. 즉 예전에 그가 덧없는 삶의 모든 재물을 자신의 지주로 만들었던 것처럼, 이제는 비밀을 자기 자신의 지주로 만들려는 것이다. 그러나 바로 그렇게 함으로써 그는 비밀을 무효력과 감금의 상태 속으로 억누르게 된다.

인간이 불안을 완전히 붙잡아 두려는 것을 포기한다 하더라도, 정신은 모습을 드러낼 수 있을 것이다. 즉 정신은 인간 내면에서 인간을 통하여 그리고 인간 그 자체로서 자유로워질 수 있을 것이다. 인간은 자기 주위에 "파도가 치고 떠받쳐 주는 물결"을 느끼게 될 것이다. 덧없는 사물이 자유로워지고 자신의 진정한 얼굴을 드러내기 위해서는 우선 인간이 그 사물에 고정된 상태로부터 분리되어야 하는 것처럼, 이제 인간은 정신이 모습을 드러내게 하기 위하여 과감히 모든 사고방법과 원칙으로부터 벗어나, 스스로를 아무런 조건 없이 기꺼이 정신에 바쳐야 할 것이다.

79

감각적 사랑은 천상적 사랑을 알지 못하게 한다. 물론 감각적 사랑이 혼자서는 그렇게 할 수 없다. 그러나 천상적 사랑의 요소를 무의식적으로나마 지니고 있기 때문에 그렇게 할 수 있는 것이다.

천상적 사랑을 상상하는 것이 가능하다면, 사람들은 천상적 사랑을 모든 존재와의 결합으로, 모든 타인들을 위한 삶으로, 모든 것과의 합일로, 모든 것과 함께하는 창조적인 활동으로 묘사할 것이다. 이러한 사랑에 대한 전제조건은 근원적인 질서로부터 비롯된 삶이다. 즉 스스로 근원과 하나라고 느끼는 자아가 자기 자신, 근원 그리고 다른 모든 존재를 의식하고 있는 것이다. 이러한 질서 속에서는 스스로를 근원으로부터 그리고 다른 존재로부터 분리시키는 자아가 있을 수 없다.

그러나 감각적 사랑은 자아가 서로 분리되어 그 분리에 고통을 느끼는 존재들 사이의 사랑이다. 감각적 사랑은 오직 자아의식이 존재할 경우에만 가능한 사랑이다. 즉 분리상태에 매여 있는 사랑이다. 왜냐하면 사랑은 분리를 극복하려는 열망 그 자체이긴 하지만, 분리의 원인, 즉 자아의식을 어찌할 수는 없기 때문이다. 그로 인해 사랑은 결코 합일에 이르지 못한다. 그 증거로는 감각적 사랑을 하는 자들의 모든 결합이 육체의 결합에도 불구하고 분리를 제거할 수 없다는 연인의 감정을 수반하는 것이다. 또 다른 증거로는 사랑이나 결합이 어느 정도 지속될 경우에도 개별화, 자립, 자유에 대한 욕구가 다시 나타난다는 것이다.

감각적 사랑은 근원으로부터 나타나는 천상적 사랑이 존재한다는 사실을 속여 알지 못하게 한다. 감각적 사랑은 천상적 사랑을 망각하게 만들고 비밀을 숨겨버린다. 다시 말하면 그것은 인간이 감각적 사랑에 완전히 몰두하거나 그 속에서 천상적 사랑의 계시를 발견할 경우에 생기는 일이다. 그러나 결코 감각적 사랑이 그러한 계시가 될 수는 없다. 왜냐하면 감각적 사랑은 자아존재들 사이에서 이루어지는 사랑이기 때문이다.

그럼에도 감각적 사랑은 합일을 이루려는, 근원적 합일을 실현시키려는 하나의 시도이다. 그리고 당연히 무능한 시도이다. 왜냐하면 감각적 사랑의 전제조건이 바로 근원적 합일과 분리된 자아존재의 합일을 부정하는 것이기 때문이다. 그러나 이러한 시도에도 무의식 중이긴 하지만 근원적 합일의 예감, 즉 "천상적 사랑의 요소"가 작용하고 있다. 모든 불완전한 존재는 자기도 모르게 완전한 존재로부터 비롯된 삶을 살고 있다. 이렇게 감각적 사랑은 무의식 중이나마 천상적 사랑을 모방한다. 바로 거기에 기만의 가능성이 있다. 즉 힘은 근원으로부터 비롯되지만, 실현의 형태와 조건은 힘과 결과를 타락시킨다.

80

진리는 불가분이며, 그 자체로는 인식될 수 없는 것이다. 진리를 인식하기를 원하는 자는 거짓임에 틀림없다.

진리는 일종의 상태로서, 거짓이 상태인 것과 마찬가지이다. 즉 진리는 근원적 실재와의 실존적 합일과 일치하는 상태이다. 진리는 모든 것으로 파고들고, 모든 형식이 비롯되며 다시 되돌아가는 불멸이다. 그러므로 진리는 부분이 없으며 항상 전체이다.

거짓은 근원적 실재로부터 분리된 상태로서 그 실재로부터 거리를 둔 상태, 즉 자아의식의 상태이다. 자아의식의 상태에서는 자아가 자신을 세상의 부분으로, 그리고 세상의 상대자로 느낀다.

근원적 실재와의 - 다시 말한다면 비밀과의 - 실존적 합일의 상태에서는 이러한 실재가 완전히 경험될 수 있다. 마치 모든 미세한 구멍으로 파고드는 떠받쳐주는 물결을 경험하는 것과 같다. 이 실재는 진리의 상태에 있는 인간에게, 즉

"진리 … 그 자체로는 … " 결코 외적 대상이 될 수 없다. 그와 반대로 거짓의 상태에서는 진리를 더 이상 경험할 수 없게 된다. 그러므로 인간은 진리를 "인식하려고" 하지 않을 수 없다. 즉 합리적 파악이나 지식이라는 의미에서의 인식을 시도하는 것이다. 인식하고 이해하려는 이 활동과 충동의 전제조건이 바로 진리로부터 분리된 거짓의 상태이다. 왜냐하면 오로지 분리로부터 합일에 대한 갈망이 생기기 때문이다("진리를 인식하려는 자는 거짓임에 틀림없다"). 그것은 다름이 아니라 지식에 대한 욕구이다. 즉 또다시 모든 것과의 합일 속에서 소멸되려는 갈망이다. 여기서도 정황은 감각적 사랑과 천상적 사랑과의 관계와 비슷하다. 진리로부터 분리된 자아의식이 존재하는 한, 인간은 결코 진리로 돌아갈 수 없을 것이다. 인간이 모든 것을 다 안다 할지라도 말이다. 즉 인간은 진리로부터 분리된 채 자아의식의 상태 속에 머무르는 한, 변하지 않을 것이다.

오로지 개념, 상징, 형상을 통하여 인식의 선악과를 따 먹은 인간은 진리와 관계를 가질 수 있다. 또한 이것들이 거짓의 세계와 진리의 세계를 이어 주는 다리이다. 갈망하는 인간이 자각하고 있는 한, 즉 모든 개념이 진리를 내포할 수 없고 그저 나름대로 쓸 만한 기호를 가지고 암시할 뿐이라는 사실을 자각할 때에야 비로소 그 다리가 보일 것이다. 그러나 인간이 개념에 매여서 개념을 가지고 진리를 소유하고 있다고 믿을 때, 그는 거짓의 상태에서 굳어 버리게 되고, 진리가 자기 내면에서 효력을 발휘하는 데 스스로 장애가 된다.

81

누구도 자신에게 궁극적으로 해가 되는 일을 갈망할 수는 없다.

> 그럼에도 한 개인이 그러한 것처럼 보인다면 - 아니 늘 그렇기라도 하다면 - 그것은 다음과 같이 설명할 수 있다. 즉 인간 내면에 있는 그 누군가가 뭔가를 원하는데, 그 뭔가는 원하는 자에게 이로움을 주지만, 사안을 판단하기 위하여 끌어들인 또 다른 그 누군가에게는 심하게 해가 되는 것이다. 인간이 판단을 내릴 때가 되어서가 아니라 오히려 처음부터 두 번째 그 누군가의 편에 섰더라면, 첫 번째 누군가는 사라졌을 것이며 그와 더불어 바람도 사라졌을 것이다.

갈망하는 이는 항상 자신의 안녕만을 원한다. 자신이 그 안녕을 어떻게 정의하더라도 그가 원하는 바는 안녕 그 자체이다. 결국 갈망하는 바는 행복이고, 다시 말해 결함을 제거하거나 존재를 향상시키는 것이다. 그러므로 모든 갈망은 갈망하는 이의 이득에 초점을 맞추고 손해를 지향하는 일은 결코 있을 수 없다.

인간은 복합적인 존재로서 많은 부분과 층으로 이루어져 있다. 모든 부분의 기능은 전체를 위한 것으로, 전체의 행복이 보장될 때 자신의 기능을 제대로 발휘함은 틀림이 없을 것이다. 그러나 이 부분들 가운데에 어느 한 부분이 독립하여 자신의 이득을 다른 부분의 희생을 치르면서 요구할 수도 있다. 예컨대 인간 내면의 성욕은 충족되기를 열망하고 하나의 대상으로부터 그 충족을 기대할 것이다. 그 대상이 인간의 마음에, 감정에, 이해심과 미에 대한 욕구에 모순되는 경우에도 마찬가지이다. 이러한 경우에는 그 갈망이 비록 성욕을 만족시켰을지라도 인간의 마음에 상처를 입히는 것이다.

그러나 인간 내면에 있는 가장 현저한 분리선은 인간의 두 부분을 긋는 선으로서, 한 부분은 능동적이고 스스로를 주장하며 스스로를 타인과 구분하는 자아로 작용하고, 다른 부분은 비밀의 질서를 갈망한다. 결국 인간 내면에 존재하는 파괴 불가능한 것과 가능한 것 사이를 가르는 선이다. 인간이 제대로 존재한다면 모든 것은, 즉 능동적 자아인격까지도 비밀의 질서, 즉 진리에 헌신해야 한다. 그러나 일시적으로는 스스로를 주장하는 자아가 자신의 이득과 힘에 대한 갈망을 나타내 보이는 법이다 - 그리고 이러한 갈망은 불멸의 계시를 불가능하게 만듦으로써 인간 내면의 불멸을 해칠 수밖에 없는 것이다.

인간은 비밀리에 이 사실을 감지하고 상황을 알맞게 판단하지만, 이 판단을 관철시키지는 못한다. 인간이 원래부터 비밀을 지향하고 그 힘으로 흘러넘쳤더라면, 모든 갈망은 이러한 힘의 향상에 대한, 진리의 향상에 대한, 진리의 보다 명백한 계시에 대한 갈망 그리고 자신의 힘을 향상시키고자 하는 자아의 갈망이 될 것이다. 그러나 자신의 힘을 향상시키고자 하는 자아의 갈망이 나타날 때, 그것은 진리의 향상에 대한 갈망 속에서 소멸해 버릴 것이다.

82

> 어째서 우리는 원죄를 두고 탄식하는가? 우리는 원죄 때문에 낙원에서 추방된 것이 아니다. 생명의 나무 때문이다. 우리가 그 열매를 먹지 못하도록 추방당한 것이다.

원죄는 인간의 의식이 특정하고 한정된 형식으로 발전하는 것이다. 즉 관념과 지각에 매여 있는 형식으로 발전하는 것이다. 불멸에 대한 동경을 제외한 인간의 모든 육체적, 영적 성질은 이러한 형식에 상응하고 그 형식을 지키며 나름대로 그 형식의 제한을 받는다. 이러한 의식의 형식이 할 수 있는 인식은 항상 양극적이고 항상 인식의 주체와 대상의 분리로부터 출발해야 하며 인식한 것을 다시금 인식의 주체의 입장에서 선과 악으로 구분해야 한다.

생명의 나무를 먹고 사는 것이 완전히 다른 의식, 즉 우주적 질서와 일치하고 그 질서와 분리되어 있지 않은 의식을 소유하는 것이라면, 그 의식에는 반드시 하나의 새로운 육체적, 영적 조직이 상응하게 된다. 즉 그 조직은 의식의 표현과 조건으로서 진리인 우주의 힘들과 조화를 이루고 그 힘들을 받아들여 가공할 수 있는 것이다. 낙원으로부터의 추방은 인간의 의식을 우주의 질서로부터 제외시키는 것이다. 이제 인간은 자신의 한정된 의식에 상응하여 덧없는 세상에서 살며 오직 덧없는 힘들만을 받아들인다. 그의 자아의식이 내린 판단에 따라, 인간은 덧없는 힘들을 긍정적인 혹은 부정적인 힘으로 - 즉 자아에게 긍정적이냐 부정적이냐에 따라 - 선과 악으로 구분하는 것이다. 결국 인간이 인식의 선악과를 따 먹는 것이다.

인간 의식의 그릇된 발전 때문에 인간을 낙원으로부터 제외할 수는 없을 것이다. 즉 원죄는 범죄가 될 수 없는 것으로, 인간이 그 때문에 처벌받을 수는 없다. 자연의 법칙에 따라서, 그리고 인간과 생명의 나무에 아무런 해를 끼치지 않고 가능한 것이었다면, 즉 인간이 - 자아의식에도 불구하고 - 우주 질서와의 일치 속에서 머무는 것이 가능한 것이었다면, 그것은 인간에게 기꺼이 허락되었을 것이다. 왜냐하면 우주의 힘들은 조화로서 모든 것을 조화 속으로 끌어당기고 조화 속에서 유지시키고자 노력하기 때문이다. 그러나 생명의 나무는 원죄를 통하여 인간에게 위험이 되고, 또한 인간도 생명의 나무에 위험이 되어 버린다. 이 두 가지만으로도 인간이 낙원으로부터 제외되어야 할 이유는 충분하였다. 자신의 한정된 육체적, 정신적, 그리고 의식에 맞는 조직이란 용기 속에 근원적 생명력을, 즉 생명의 나무에 달린 열매를 담게 된다면, 그 용기는 너무 약해서 깨어져 버릴 것이기 때문이다. 인간은 자기방어를 위해 낙원으로부터 추방당했던 것이다.

가정하건대, 인간이 약해져 개념적 의식상태에 다다르고서도 아직 생명의 열매를 먹을 수 있다고 하자. 그렇다면 인간은 그 열매를 가지고 무엇을 하게 될 것인가? 그는 그 열매를 우주 조화의 의미로서 사용하지 않고 자신의 제한된 통찰의 척도에 따라 사용할 것이다. 비록 그가 선의를 발휘하여 그 열매를 파괴적이 아니라 건설적으로 사용하려고 노력한다 하더라도, 그는 우주법칙과 일치를 이루며 행동하지 못할 것이고, 그로 인해 세계질서에 대한, 즉 생명의 나무에 대한 위험이 되어 버릴 것이다.

낙원으로부터 인간을 제외한 세 번째 이유가 있는데, 아마 그것은 결정적인 이유일 것이다. 인간이 자아의식의 상태에서 생명의 열매를 먹을 수 있다면, 그는 자아의식을 포기하고 진리의 상태로 다시 돌아가야 할 이유가 없을 것이다. 자아상태, 즉 인식의 선악과를 따 먹는 거짓의 상태는 자연의 법칙에 어긋나는 상태이다. 자연의 법칙에 맞는 상태는 생명의 열매를 먹는, 즉 진리의 상태를 얻고 진리와 일치하며 우주의 힘과 조화를 이루는 상태이다. 인식의 나무와 생명의 나무는 서로 긴장 관계에 있다. 진리는 거짓을 소멸시키려 하고 거짓은 자기 자신을 주장하려 한다. 만약 거짓이 진리에 관여하고도 여전히 거짓으로 남았다면, 거짓은 결코 소멸되도록 강요받았던 것이라 볼 수 없다. 그러나 거짓과 진리 사이의 긴장은 언젠가는 인간을 거짓의 상태로부터 다시 조화의 진리, 즉 그의 운명에 맞는 상태로 데려다 놓을 것이다. 이렇게 거짓의 상태에서 생명의 열매를 먹을 수 없다는 것은 인간이 다시 진리로 들어가기 위한 조건이다. 인간이 - 거짓의 상태에서 - 생명의 열매를 먹는 것이 저지됨으로써, 생명의 나무가 가지는 힘은 그 목적을 달성하게 된다. 즉 인간을 다시 조화로 끌어들이게 된다.

83

우리에게 죄가 있다는 것은 인식의 선악과를 따 먹었기 때문만이 아니라, 우리가 생명의 열매를 아직까지 먹지 못했기 때문이기도 하다. 죄가 있다는 것은 우리가 처한 입장이지 죄를 범한 것과는 무관하다.

우리가 운명을 거스르게 된 것은 근원적 합일로부터 분리된 상태, 즉 이탈과 죄를 의미하는 존재의 상태를 실현하면서 비롯된 것이다. 그러나 그뿐만은 아니다 - 우리는 이탈이란 원죄 이후 이 운명을 다시 한번 주시하지도 못했다. 우리의 죄는 두 가지 양상이다. 즉 지속적이고 실존적이다. 한편으로 우리는 운명을 거스르며 존재하고, 분리의 상태를 유지하며 그로 인해 거짓이 되는 것이다. 그리고 다른 한편으로 우리는 이 운명을 실현하지 못하며 생명의 열매를 먹지 못하는 것이다.

단지 우리의 행동만이 잘못이고 운명과 어긋난 것이며, 그 반면에 우리의 본질은 마치 운명과 일치를 이루고 있는 것처럼 볼 수는 없다. 만약 그렇다면 그것은 죄이다. 오히려 우리 본질은 인간의 운명이 요구하는 것과는 다른 상태이다. 그러므로 모든 행위는 이러한 진정되지 아니한 상태의 결과로서 의식적이든 아니든, 좋은 뜻이든 아니든, 책임을 지든 말든 간에 진정되지 않은 것이며 분리를 확증케 하는, 즉 죄와 이탈의 상태를 확인시키는 것임에 틀림없다.

84

우리는 낙원에서 살도록 창조되었고, 낙원 또한 우리를 섬기도록 정해져 있었다. 우리의 운명은 바뀌어 버렸다. 그리하여 낙원의 운명에도 이런 일이 일어났는지, 그에 대한 이야기는 없다.

언제 한번이라도 근원적 운명이 바뀐 적이 있었던가? 아마 단기적 의도와 목적의 영역에서는 그것이 가능했을 수도 있을 것이다. 불멸의 법이 존재하는 영역에서는 어떠한가? 인간의 근원적 운명은 확실히 존재하는 것으로 변함이 없다. 태초부터, 즉 영원으로부터 그러했던 바 그대로이다. 그 운명이 "바뀌어" 버렸다면, 운명의 바뀔 수 없는 목적이 바뀐 것이 아니라, 운명을 실현시키며 나아가는 길이 바뀐 것이다. 물론 운명의 목적까지 바뀌어 버린 것처럼 보일 수도 있다. 시공의 영역에서는 인간의 운명이 인식의 선악과를 따 먹고 그로 인해 죽는 것이다. 그러나 인간이 가지고 있는 것 가운데 죽어 버리는 것은 오로지 시공 속에 있는 의식, 즉 개념과 관념을 통해 결정된 의식에 상응하는 것뿐이다. 그리고 바로 이 죽음이 인간을 그 본래의 운명으로 다시 이끄는 길이기도 하다. 그것은 인간이 - 그 죽음으로부터 깨달음을 받아 - 인식의 선악과를 따 먹는 것을 포기하면서 이루어진다. 그러고 나면 당장 인간의 근원적 운명은 다시 효력을 발휘한다. 근원적 운명이란 낙원에서 생명의 열매를 먹는 것으로, 그 낙원은 아직도 생명의 열매를 주기 위하여 기다리고 있는 것이다.

이것이 바로 인간의 근원적 운명이 겉으로만 바뀐 것이 아닌가 하고 희망을 가지게 되는 또 다른 이유이다. 왜냐하면 낙원의 운명은 인간에게 봉사하는 것이기 때문이다. 낙원은 자신의 임무수행을 기다리고 있다. 이러한 사실로부터 자극이 비롯되어야 하지 않겠는가? 지금은 잠재하고 있는 인간의 근원적 운명에 대한 자극이 이루어져야 하지 않겠는가? 덧없는 세상에서도 외부환경이 자기에게 맞는 생명체를 기르고 돕고 있지 않은가? 힘이 자신의 기관을 형성하지 아니하는가? 예컨대 그것은 마치 빛이 눈을 자극하여 눈의 형성을 가능하게 하고 눈의 지각에도 도움을 주는 것과 같다.

낙원이 예외를 만들어야 한단 말인가? 다시 생명의 열매를 먹는 근원적 인간을 위해 주변과 양분을 헛되이 준비하고 있어야 한단 말인가? 낙원의 운명이 바뀌지 않았다면, 인간의 잠재된 운명을 활성화시키고 운명의 피상적 변화를 되돌려 놓을 수 있는 가능성은 항상 존재하는 것이다.

85

악은 특정한 과도기에 처한 인간의식의 발산이다. 원래 감각적 세계가 가상인 것은 아니다. 우리 눈앞에서 감각적 세계를 만들어 보이는 악이 가상이다.

원죄는 인간의식의 타락이다. 인간의식의 타락이란 끝없이 조화롭고 고통과 죽음으로부터 방해받지 않는 우주와 일치하던 상태로부터 이탈하여 자기 자신에게 집중하고 그와 더불어 합일이 손상되는 상태로 변하는 것이다. 그 결과는 견디기 힘든 고독이고, 그 고독으로부터 다시금 변화된 의식의 발산이 이어지는데, 그것은 다른 존재와 사물 쪽으로 다리를 놓으려는 시도이고 감각적 지각이 외부영역, 즉 근원적 내적 합일이 상실된 영역에 있는 다른 존재나 사물과 접촉하려고 하는 것이기도 하다.

악은 의식이 자기 자신에게 집중하는 것이다. 악은 의식의 응축된 에너지가 다른 생물과 사물을 향하여 발산되고 억척스레 그 생물과 사물에 집착하는 것이다. 그 생물과 사물은 이제 오로지 육체적인, 외적인 표현을 통하여 지각되고 내면적 본성에 따라 이루어지지는 못한다. 악은 결국 인간의 의식이 근본적 원인과의 근원적 합일로부터 벗어났지만 다시 그쪽으로 향하는, 즉 과도기에 있는 상태의 결과이다.

악은 정신세계에서 이루어지는 일종의 과정이다. 악은 모든 생물과 사물의 내적 합일을, 즉 진리를 부정하는 것이다. 그러므로 결국 가상이다. 이러한 가상의 결과는 오로지 사물과 존재의 외적, 감각적 측면만이 지각된다는 것이다. 또한 내면과 외면 사이에 분리가 존재하고, 사물의 외면이 원래의 본성으로 여겨지게 된다는 것이다. 가상은 결국 감각적 세계 그 자체가 아니라 "그 감각적 세계의 악"이다. 즉 우리에게 사물과 생물의 외면이 그 본래의 본성인 것처럼 보이게 하는 것이다. 이것이 바로 착각이다.

86

원죄 이래로 선악을 인식하는 능력에 있어서 우리는 본질적으로 동일하다. 그럼에도 불구하고 우리는 바로 여기서 우리의 특별한 장점을 찾고 있다. 그러나 이러한 인식을 초월한 곳으로부터 비로소 진정한 상이함이 시작된다. 외적으로 상반되게 보이는 것은 다음과 같은 사실 때문이다. 즉 누구도 인식만으로 만족하지 않고 반드시 그 인식에 상응한 행동을 하려고 애쓰기 때문이다. 그러나 누구에게도 그렇게 할 힘이 주어져 있지 않기 때문에, 그는 스스로를 파괴해야 하고 그로 인해 필수 불가결한 힘까지도 유지할 수 없는 위험에 직면하게 된다. 그러나 이러한 마지막 시도 외에는 어떠한 것도 남아 있지 않다(이것

> 은 인식의 선악과를 금할 때 죽음의 위협이 있다는 의미이다. 어쩌면 이것이 또한 자연적인 죽음의 태초적 의미도 될 것이다). 이러한 시도를 이제는 두려워하게 된다. 차라리 선악의 인식을 되돌려 놓았으면 한다("원죄"라는 명칭은 바로 이러한 두려움에서 유래한다). 그러나 일어난 일을 돌이킬 수는 없다. 다만 흐리게 할 수 있을 뿐이다. 이러한 목적에서 동기들이 생긴다. 온 세상은 동기들로 가득 차 있다. 눈에 보이는 온 세상은 어쩌면 한 순간만이라도 안식하고 싶어하는 인간의 동기와 다를 바 없다. 인식의 사실을 속이는, 즉 인식을 비로소 목표로 삼으려는 시도이다.

"원죄"는 진리의 부정이고 진리에 대한 저항으로서 의식이 자기 자신에게 집중할 수 있도록 만드는 것이다. 의식이 자기 자신에게 집중하는 것은 자기주장이고 자부심이며 고독이다. 우주의식으로부터, 삶과 진리와의 합일로부터 자아의식, 즉 선악에 대한 인식의 소유자가 생겨났다. 선으로부터, 삶과 진리로부터 결별되어 있다는 인식의 소유자가 생겨난 것이다.

인간은 선의 인식에만 만족하지 않고 선을 실현시켜야만 하기 때문에 애써 이러한 실현을 이루려 한다. 그러나 인간은 그에 맞는 신체조직을 가진 자아의식으로서 선을 실현시킬 능력은 없다. 그러한 자아의식이 바로 진리, 즉 선의 상태와의 대립이기 때문이다.

여러 번 시도한 후에 인간은 이러한 실상을 깨닫게 된다. 어떤 다른 방법도 도움이 안 되기 때문에 어쩔 수 없이 자기 자신을, 즉 자신의 자부심과 자아의식을 파괴할 수밖에 없는 상황에 몰리게 된다. 그래서 진리의 힘에 의해 고양된 채(물론 진리의 힘이 여전히 도와주고 인간을 다시 받아들일지 불확실하므로, 결국 자기파괴는 큰 부담으로 작용하지만) 이런 방식으로나마 선에 참여하는 것이다.

그러나 인간의 자부심은 파멸에 대해 저항하고 무서운 공포에 사로잡히게 된다("원죄"란 말은 이러한 공포에서 유래한다. 자부심의 관점에서 볼 때, 선악의 인식과 의식집중의 과정이, 즉 진리에 대한 저항의 과정이 일차적으로 "원죄"를 의미하지는 않는다. 이러한 과정의 의미는 바로 자아실현이다. 그러나 이제 죽음이 바로 이러한 과정의 결과임을, 즉 자기 자신에게 나쁜 결과임을 알게 되는 것이다. 그로부터 인간은 그 과정의 결함을 추론해 내고 원죄라고 부르는 것이다). 이렇게 자아의식은 스스로 의도와 관념을 만들어 내기 시작하는데, 이는 선악을 더 이상 인식하지 못하고 또한 선을 위해 스스로 소멸되지도 못하는 결과를 초래할 뿐이다. 의식을 딴 쪽으로 돌려놓아 그 의식이 허무 속에서도 끊임없이 그것만을 쳐다보는 결과를 초래할 뿐이다. 아마 모든 가시적인 것은 관념과 동기로 얽힌 거대한 허구일 것이다. 그것으로 자아의식을 지닌 인간은 스스로 자신이 무엇인 양 속이게 된다. 인간은 선악의 인식을 기만한다. 선악의 인식이 이전에는 자신의 무지, 공허, 거짓에 대한 충격적이고 끔찍한 경험이었고 그 이면에 진리와 실체의 잃어버린 세계가 있었다면, 이제 선악의 인식은 관념과 동기의 환영이 가득한 세계로, 즉 모든 것이 똑같이 허무와 악에 속하는 세계로 제 자리를 옮겨 버렸다. 인간은 이러한 관념 아래서 선과 악의 구별을 마치 본질적인 구별인 양 실천하게 된다. 이러한 세계 속에서 인간은 순응하고 판단을 내리고 구별한다. 또한 그는 더 잘 판단, 분석, 검사, 평가하는 데서 자신의 장점을 구현하려 하고, 심지어 그것이 진보라고 믿기도 한다.

실제로 인간이 너무나도 잘 알고 있는 것은 모든 관념과 동기가 거짓과 악의 세계에 속하고, 그것이 관념을 만들어 내는 자아의식까지도 포함하고 있다는 사실이다. 그러나 인간은 이러한 인식의 결론을, 즉 자아의식의 파괴를 실행하려고 하지 않기 때문에 스스로를 기만한다. 선악에 대한 인식이 이제야 비로소 이루어지고, 게다가 관념의 세계 속에서 이루어져야 한다며 스스로를 기만하게 되는 것이다. 이러한 인식이 사실 상대적 관념의 세계 속에서 이루어질 수 없기 때문에, 인간은 끊임없이 이 일에 몰두하고 거기에 온갖 힘을 다 쏟게 된다. 이것이 인식력이 잘못된 방향으로 지속적으로 잘못 작용함으로 인해 참된 사태에 대한 자기기만을 할 수 있는 완벽한 가능성이다.

이러한 방향에 있어서 인간이 다른 이보다 월등한지 아닌지는 전혀 중요치 않다. 진정한 차이점은 누군가 자아의식과 관념세계의 파괴를 시작하고 그를 통하여 진리의 힘이 제 권리를 다시 찾도록 투입될 수 있느냐에 달려 있다.

87

믿음은 단두대의 칼처럼 무겁고도 가볍다.

신앙이란: 비밀이 처음으로 접촉해 오는 것, 즉 새로운 실재의 돌발이다. 이 접촉은 칼처럼 작용한다 - 그러고 나면 인간은 가볍게 느껴진다. 왜냐하면 인간이 지닌 불멸이 모든 악, 모든 자기중심, 모든 사물과 존재에 대한 집착으로부터 자유로워지기 때문이다. 인간이 무겁게 느껴지기도 하는데, 그 접촉이 자기의 거짓된 본질, 즉 그의 악, 그의 자기중심, 그의 사물과 존재에 대한 집착을 죽여 버리기 때문이다. 그가 경험하는 것은: 비밀에 접한 자는 다른 실재에 의해 상처를 입게 되고, 그 상처가 자신의 거짓된 본질 전체에 퍼져 파괴할 때까지는 평정을 찾지 못한다. 그러한 동안에 그는 서서히 그 새로운 실재에 자리 잡게 된다.

신앙이란: 길의 시작, 즉 빛과 자유의 현실에 의해 고통의 현실이 점차 제거되

는 것이다. 신앙이란: 숨어 있는 것에서 비롯되는 힘으로 단두대의 칼처럼 중력 없이 내려와 무겁게 덧없는 의식을 짓누르며 죽이려 하는 것이다.

88

죽음이 우리 앞에 와 있는데, 그것은 마치 교실 벽에 걸린 알렉산더 대왕의 전투하는 그림과 같다. 이제 해야 할 일은 우리의 행위를 통하여 아직 이 삶이 다할 때까지 그 그림을 어둡게 하거나 심지어 지워 버리는 것이다.

우리의 삶은 내면에 있는 선과 악이라는 두 힘 간의 싸움이다. 즉 악과 싸워 이기고자 하는 "선한" 성향과 선을 파괴시키고자 하는 "악한" 성향 사이의 끊임없는 투쟁인 것이다. 섬세하거나 혹은 거친 힘으로 우리는 선을 불러일으키려 하거나 악에 저항하고자 한다. 악이 폭력이므로 우리가 행하는 바는 다름 아니라 악을 통해 선을 창조하고 악을 통해 악과 싸워 이기는 것이다. 이 삶은 느리게 진행되는 죽음일 뿐이다. 즉 서로 싸우고 있는 힘들 간의 소모전이자 상대를 녹초로 만드는 엄청난 전투일 뿐이다.

인간이 이 전투 밖에 서서 이 전투를 일종의 그림처럼 조망하게 되면, 그것은 이미 진보이다. 그러한 인간은 옛날의 현실과 새로운 현실 사이의 경계선에 놓여 있다. 옛 현실, 즉 현상계는 그에게 배움의 장이 된다. 그가 거기서 첫 번째로 배우게 되는 것은 선과 악의 싸움, 즉 인식의 선악과를 따 먹는 것은 오로지 죽음의 종말을 맞는다는 것, 즉 죽음이라는 사실이다. 두 번째는 그가 계속해서

이 전투에 참가한다면 그 앞길은 죽음뿐이라는 사실이다.

이러한 통찰로부터 그는 자신의 고유한 사명이 무엇인지를 배울 수 있게 된다. 즉 이 전투에 더 이상 참가하지 않는 것이다. 왜냐하면 그를 통해 그림의 색과 윤곽이 더욱 강렬해지기 때문이다. 그리고 그림을 지워 버리는 일을 수행하는 것이다. 새로운 삶을, 즉 실재적 삶을 수행하는 것이다. 그러면 지워 버릴 수 없는 현실이 생겨나고 그저 눈앞에 보이는 것, 즉 선악의 세계는 사라져 버린다. 문제는 비밀의 실현, 즉 새로운 현실의 수행이다. 그것이 개인의 강압적 의지에 의해서가 아니라 현실 속에서 협력과 충만을 통해서 이루어져야 한다. 그것이 바로 이 생존 안에서 아직 성취해야 할 과제이다. 인간이 그 과제를 실현시키지 못한다면, 또다시 그 그림 속으로 끌려 들어가게 된다.

89

> 인간은 자유의지를 가지고 있다. 말하자면 세 가지의 자유의지를 가지고 있다. 첫째로 인간은 이 삶을 원할 당시에 자유로웠다. 이제는 물론 돌이킬 수 없는 상태이다. 그는 더 이상 그 당시 그렇게 원했던 이가 아니기 때문이다. 기껏해야 살면서 당시의 뜻을 이행하는 정도가 될 것이다. 둘째로 인간은 이 삶의 걷는 방식과 길을 선택할 수 있다는 점에서 자유롭다. 셋째로 인간은 언젠가 다시 존재할 자로서 어떤 조건하에서도 삶의 길을 걷고 그렇게 자기 자신에게 도달하려는 의지를 가진다는 점에서 자유롭다. 그 길은 선택될 수는 있지만 미궁임에는 틀림이 없고, 그로 인해 인간이 지나가 보지 않은 삶의 구석은

> 없는 것이다. 이것이 바로 자유의지의 세 가지이다. 그러나 세 가지가 동시적이기 때문에 그것들은 하나이기도 하다. 근본적으로 너무나 동종이라서 하나의 의지만을 위한 자리는 존재하지 않는다. 그것이 자유로운 의지든 자유롭지 못한 의지든 마찬가지다.

인간은 영원히 산다. 인간은 영원으로부터 비롯되고 영원으로 가며 영원 속에서 살고 있다. 물론 지금은 현상계의 조건하에, 즉 선과 악의 싸움 아래서 살고 있다. 그것은 육체의, 생물학적 삶의, 감각의, 사고의 그리고 자아의식의 조건이다. 이러한 조건에 상응하는 것이 인간의 외부 세계이다. 인간의 의식은 완전히 이 조건들에 매여 있으며 그와 더불어 사라지기도 한다. 그 때문에 인간은 자기 내면의 그 무엇이 영원한지도 모르고 있다. 그럼에도 불멸과 영원은 인간 내면에서 작용하고 있다. 적어도 생각해 볼 수 있는 모든 조건하에서 표현의 가능성을 찾고 있는 것이다.

자아의식에 매여 있는 의지가 여러 가능성들 중에서, 즉 주어져 있어 피할 수도 없는 다양한 조건들 중에서 선택하게 되는데, 겉으로만 자유로이 선택할 수 있는 것처럼 보일 뿐이다. 실제로는 이 조건들의 노예이다. 자유의지는 조금 다르다. 자유의지는 무조건적으로 영원 속에서 사는 인간에게 제한된 존재의 가능성이 나타날 때 생기는 것이다. 자유의지는 자유롭게 선택할 수 있다. 근원의 무조건적인 존재(즉 비밀의 존재)에 머물러 있을지, 혹은 제한된 존재(즉 덧없음의 질서)로 빠져들지, 아니면 시공의 심연 속으로 추락하기를 원할지를 선택할 수 있는 것이다.

이러한 자유의지는 세 가지 방식으로 작용한다. 첫 번째는 자유의지가 결정함으로써 작용하는 방식이다. 즉 인간이 무조건적 존재로부터 조건적 존재로 들어설 것인지 아닌지, 들어선다면 어떻게 들어설 것인지, 어떻게 인간이 자신의 몸을 특별한 자아의식의, 사고의, 느낌의, 행동의, 육체의 조건으로 덮어쓰고 그와 동시에 외부 세계의 그와 상응하는 조건에 제한을 받을 것인가를 결정하는 것이다. 그러한 삶을 선택하게 되면 인간은 그것을 더 이상 돌이킬 수 없다. 왜냐하면 자유의지는 무조건적 의식을 더 이상 소유할 수 없고 조건적인 자아의식으로 변해 버렸기 때문이다. 그러나 자아의식은 스스로 의도된 조건하에서 살아가고 또한 그 조건을 실행해 나가는 가운데, 일찍이 그 조건을 스스로 자유로이 원했던 그때의 그 의식이 되는 것이다. 이것이 바로 인간의 자유의지이다. 자유의지가 과거로부터 현재로 뻗어 나오는 한 말이다.

현재와 관련하여 본다면 인간의 자유의지는 다음과 같은 두 번째 방식으로 작용한다. 즉 인간은 눈앞에 처한 조건을 새로이 영원성과 영원한 것의 실현의 관점에서 스스로 검토한다는 것이다. 인간이 이 조건을 본질적인 것으로 간주하면 그는 조건을 바꾸든지, 혹은 그대로 유지하든지 스스로 어떻게 느끼느냐에 따라 새로운 시도를 할 것이다. 그러나 그 조건을 그저 불가사의한 영원의 옷으로만 간주한다면 기존의 조건에 동의해 버릴 것이다. 그러나 이는 패배주의에 빠져서나, 혹은 그가 조건적 존재로 들어서려는 이전의 결정을 허용하기 때문에 그런 것이 아니라, 피할 수 없는 것에 대항하여 싸움으로써 어려움이 가중되고 그로 인해 비밀의 효력을 막아 버릴지 모르기 때문이다.

그와 더불어 벌써 인간은 세 번째 방식으로 자유의지를 실행하고 있는 것이다. 즉 이 자유의지는 미래를 지향하는 것으로, 두 가지 원칙적 가능성을 갖고 있다. 즉 인간은 조건의 거죽을 신의 본질적인 것으로 간주하면서 미래의 존재형식, 다시 말해서 존재가 입을 미래의 거죽에 현재를 통하여 영향력을 미치고자 시도하는 것이다 - 현재의 조건으로부터 미래의 조건이 생겨나는 것이다. 자유의지는 이 경우에 지속적으로 조건의 범위 내에 머무를 것이다. 그러나 자유의지는 비밀의 실현을 허용할 수도 있다. 그를 위해 자유의지는 현재의 모든 조건을 허용해야 하고 조건을 바꾸거나, 혹은 유지하기를 원해서는 아니 된다. 오로지 이렇게 함으로써 자유의지는 스스로를 발견하게 된다. 다시 말해서 자신의 내면에 있는 무조건적인 것을 찾게 된다. 실제로 인간이 모든 조건을 두루 경험하고 나서 그 조건으로부터 자유로워질 수 있기 때문에 인간에게 닥쳐오는 삶에 대한 모든 관점을 경험해 볼 수 있게 스스로의 허용이 필요하다. 어떠한 미궁에 빠지고 어떤 비체계적 길을 걸을지라도 말이다. 왜냐하면 조건은 인간을 그가 원하는 것처럼 체계적인 방식이 아니라, 조건의 고유한 미궁의 논리에 따라 방해할 것이기 때문이다.

자유의지의 모든 효력은 과거, 현재, 미래에 동시적이다. 모든 효력 하나하나는 과거의 실행이고 현재와의 화해이며 미래의 형성으로서, 비록 그것이 항상 순간에 일어나는 것이기는 하지만 동시적이다. 그러므로 과거, 현재, 미래는 흘러 들어가 하나가 된다 - 모든 순간순간이 영원의 현실화가 될 수 있는 것으로 그 영원 속에는 자유로운 의지도 자유가 없는 의지도 없으며 오로지 비밀의 수행만이 있을 뿐이다. 자기의 의식을 조건과 그 조건의 변화에 집중시키는 자에게는 항상 가상이 있다. 마치 스스로가 과거로부터 미래로 가고 있고 또 그 미래를 어떤 방법이든간에 검토하고 개선해야 한다는 가상이다. 그에게 의지의 문제, 즉 자유로운 의지인가 혹은 자유가 없는 의지인가 하는 문제가 생기는 이유는 조건이 이의를 제기하기 때문이다. 그러나 모든 조건하에서 자기 자신을 찾으려고 하는 자에게는 매순간 무조건적인 것, 영원한 것이 의식된 현실이 되어 그것을 원할 필요도 없는 것이다.

90*

두 가지 가능성이 존재한다. 그것은 자신을 무한히 작게 만들거나, 또는 그렇게 되어 버리는 것이다. 두 번째는 완성, 즉 무위이고, 첫 번째는 시작, 즉 행위이다.

인간내면의 불멸은 스스로를 펼쳐 보려는 충동을 가지고 있다. 그에 방해되는 것들이 바로 인간내면에 존재하는 파괴 가능한 것, 즉 자의, 개념적 사고, 조급한 노력이다. 간단히 말해서 자신의 힘과 권력의 유지와 상승을 지향하고 조건의 세계를 만들어 내는 자아상태와 자아의식이다.

인간내면의 불멸이 다시 확연해지려면 파괴 가능한 것은 파괴되어야만 한다. 즉 인간은 자신을 "무한히 작게 만들어야"만 하고 권력을 위한 모든 노력과 그 산물들을 근절시켜야만 한다. 무한히 작다는 것은 거짓된 본질이 파괴되어 버리고 불멸의 참된 본질이 다시 확연해지는 것을 의미한다.

"자신을 무한히 작게 만든다"는 것은 행위이다. 그렇다면 과연 어떤 종류의 행위가 문제인가? 누가 어떻게 행동한다는 것인가? 자의는 자의적 행위를 통해서 파괴될 수 없고 개념적 사고는 새로운 개념형성을 통해서 파괴될 수 없으며 조급함은 조급한 노력을 통해서 파괴 될 수 없다. 그러므로 자아의식으로부터 출발하는 행위가 되어서는 안 될 것이다. 자아의식이 행위를 수행하면 할수록 자아의식만이 강화되기 때문이다. 행위가 비록 겉으로는 약화와 감소를 지향하고 있는 듯이 보일지라도 그 행위를 통하여 자아의식은 강화된다. 그리고 자아가 애써 자신을 무한히 작게 만들려는 노력도 결국은 가능한 한 큰 성공을 지향하려는 노력, 즉 큰 것을 향한 노력일 뿐이리라. 성공의 추구가 큰 것을 지향하든 아니면 작은 것을 지향하든 별다른 차이는 없다.

결국 이런 식으로는 무한히 작아지려던 목표를 이루지 못한다. 오히려 성과에 대한 의지에서 비롯되지 않으며 성과 지향의 의지를 파괴하는 행위는 완성되어야 한다. 그러한 행위들은 오로지 불멸 그 자체에서 비롯되고 불멸이 자신을 펼치는 데 기여하게 될 것이다. 마치 암석 아래에 놓인 싹이 꾸준히 성장하여 암석을 뚫고 올라와 빛을 보게 되는 것과 같다.

불멸의 행위는 새로운 인식이고 비밀의 효력으로서 인간을 습관으로부터 구해

내고 인간에게 자의, 초조, 개념적 사고가 파괴될 수 있는 것의 원인이며 그 원인의 결과임을 보여 준다. 이 행위는 비밀의 빛 앞에서 부당한 것으로 드러난다. 참되지 못하고 불멸을 거스르고 있기 때문이다. 그로 인해 행위에 힘과 존재 가능성이 박탈되고 행위가 파괴되어, 인간은 자아의식을 기준으로 실제로 더 작아지게 된다.

인식, 불멸의 행위, 인식을 통한 파괴 가능한 것의 파괴는 시작이다. 불멸이 일을 마치고 스스로 안정을 찾는 것은 완성이다.

91*

> 말의 오류를 피하기 위하여: 행동으로써 파괴되어야 할 것은 이미 아주 견고하게 유지되었음에 틀림이 없다. 그러나 부서지는 것은 부서질 뿐 파괴되는 것은 아니다.

행동은 의식적이고 단호한 행위이다.

인간 내면에 있는 비밀의 질서가 형성되는 데는 두 가지 장애가 있다. 그 중 하나는 특성, 목표, 습관이다. 그것들의 생명력은 끊임없이 유입되는 현실에 의해, 즉 "시간의 이"가 갉아먹음으로써 고갈되어 버렸거나, 혹은 그것들의 권리가 소멸되었다. 왜냐하면 새로운 목표가 밀고 들어와 그 자리를 차지해 버리기 때문이다. 그 장애에 대항하기 위하여 어떤 목표에 따른 계산된 활동은 필요하지도 가능하지도 않은 것이다. 그 장애는 노쇠로 인해 부서지고, 그 때문에 윤곽이 뚜렷한 명백한 인식과 결정을 회피한다.

다른 장애는 신념, 노력, 의도로서 의지의 온갖 힘, 믿음의 불꽃과 더불어 자신의 권리와 필연성에 매여 있다. 그 장애는 행동으로써 파괴될 수 있을 것이고 또한 파괴되어야만 한다.

다른 한편으로는 이러한 파괴가 성공하지 못할 것이다. 파괴적 행동이 성공에 대한 의지로부터, 즉 고의성으로부터 비롯된다면 불가능하다. 압박을 통하여 그에 대항하는 압박이 생기고, 가장 작은 부피에 압축을 가한다 하더라도 폭발상태가 조성될 뿐이다.

오히려 파괴적 행동이 스스로 자유롭고자 한다면 새로운 형상의 힘으로부터, 즉 형상화되는 비밀의 질서로부터 나와야만 한다. 이 힘은 다름 아닌 인식이다. 굳건한 신념, 노력 그리고 의도가 새로운 질서의 빛에 비치면 아무런 타당성을 갖지 못한다는 그런 인식이다. 파괴 가능한 것은 불멸의 실재에 비추어 평가되고 그럼으로써 파괴될 수 있는 무가치한 것으로 인식된다. 이러한 인식을 통해 비로소 무가치한 것을 저버리겠다는 결정도 할 수 있다. 이렇게 파괴하는 행위는 인식과 결정으로서 비밀의 효력에 그 토대를 둔다.

아주 굳게 유지되는 장애만이 인식을 통해 의식적으로 파괴될 수 있다. 그것이 분명하게 인식될 수 있는 유일한 것이기 때문이다. 명백한 생각, 확고한 신념, 선명하게 윤곽 잡힌 논거만이 정확히 검토될 수 있으며, 새 질서와 일치하지 않는다면, 거짓, 환상, 기만이라 의식적으로 배척될 것이다.

92

최초의 우상 숭배는 분명히 사물에 대한 두려움이었다. 그러나 그와 연관된 사물의 필연성에 대한 두려움이기도 하고, 그와 연관된 사물

> 에 대한 책임의 두려움이기도 하였다. 이 책임감이 너무나 엄청나 보여서, 그것을 유일무이한 초인간적 존재에게 감히 한 번도 부과하지는 못했다. 왜나하면 한 존재의 매개를 통하여 인간의 책임이 충분히 경감되지는 못했을 것이기 때문이다. 또한 오직 한 존재와 교류한다는 것은 책임감으로 너무나 얼룩졌을 것이기 때문이다. 그래서 모든 사물 개체에 그 스스로의 책임을 부여하였고 나아가 이러한 사물들에 인간과 연결된 책임까지도 부여하였다.

낙원으로부터 쫓겨난 원죄는 끔찍한 것이었음에 틀림이 없다. 원래는 모든 존재, 사물과 일치를 이루고 그와 결합되어 관련을 맺으며, 그로부터 삶이 비롯되고 그를 위해 살며, 그와 함께 근원으로부터 유래한다는 의식이 있었고 그 근원이 무궁무진하고 현명하다는 것을 신뢰했었다. 원래는 엄청난 힘의 교차점에서 자유로웠으며, 그 힘은 모든 사물과 존재에 나타나서 그 기초가 되는 창조적 이념의 현명함에 따라 결실을 맺게 되었다 - 이제 인간은 갑자기 개체가 되어서 강력한 힘이 내면과 주위에 있음을 감지하게 되고, 그 힘은 인간을 일으켜 세우고 앞으로 밀어붙이지만 더 이상 그 힘의 의미와 질서를 알 수는 없었다. 주위의 사물과 존재가 낯설고 끊임없이 변화하는 특성을 지니고 있음을 알게 되었다. 그때 그에게는 힘과 사물이 끔직한 대상이었다. 이제는 힘 교환의 조화가 깨져 버렸다. 아주 사소한 실수 하나도 스스로 파멸하는 결과로 이어질 수 있었다 - 무엇이 실수인지 알게 되었던 것인가? 그 어떤 신뢰도 더 이상 있을 수는 없었다. 공포와 불안이 인간을 엄습하였다. 인간은 근원과의 결합을, 그리고 사물과 존재와의 결합을 잃어버리고 스스로 단절하여 고독해져 버렸다.

인간에게 이렇게 무서운 원죄가 생긴 후, 그가 눈을 뜨고 새로운 현실을 보았을 때, 그는 사물과 존재가 비록 그에게 끔찍한 대상이긴 하지만 필수 불가결한 것임을 알아차렸다. 왜냐하면 사물과 존재와의 근원적 관계가 끊어졌다기보다는 단지 다른 방식으로, 즉 적대관계의 형식으로 드러났기 때문이다. 그가 알게 된 것은 또한 그 관계가 다른 방식으로 드러난 데 대한 책임이 스스로에게 있었다는 것이다. 자신이 근원으로부터 분리됨으로써 생겼기 때문이었다.

사물과 존재의 적대성에 대한 두려움이 주는 엄청난 부담과, 이러한 적대성이 불가피하다는 통찰이 주는 엄청난 부담, 그리고 이 모든 것에 대한 책임이 자기 자신에게 있다는 의식이 주는 엄청난 부담은 그저 기껏해야 눈 깜짝할 찰나만 견디어 낼 수 있었다. 바로 그때 형상이 창조되어야만 했다. 그 책임의 부담을 전가할 수 있는 형상이 필요했다. 유일무이한 존재로 인격화된 형상은, 즉 모든 존재를 야기한 자로서의 신은 세상의 단절상태에 대한 인간의 책임을 여전히 심하게도 상기시키고 있었다. 인간이 책임을 알면서도 그 사실이 내면으로 억압된 채 표출되지 않는 일이 형상으로는 너무나 쉽게 드러나고 있었다. 내면으로 억압된 사실이 그 형상에 재판관의 특권을 부여함으로써 마치 재판관이 인간에게 사물에 대한 책임을 묻듯이 그 형상이 대신 요구하게 함으로써 억압된 사실은 너무나 쉽게 스스로를 주장하게 된다. 유일신을 인간의 관념에 따라 가정하는 모든 종교는 사건과 사물을 관장하는 다른 신성한 존재를 설정하려는 경향을 가지게 된다. 이러한 경향에서는 인간의 욕구, 즉 관계와 사물에 대한 책임을 알면서도 억압된 채 표출되지 않은 것이 제 모습을 드러낸다. 유일신의 형상 속에 너무나 엉성하게 숨겨져 있어 더 이상 작용하지 않을 수는 없다. 그 책임은 쪼개지고 축소되며 모든 개별 사물에, 즉 사물의 형상인 우상에 돌아가게 된다. 무수히 많은 사물이 존재하지만 그 사물에 대한 주의는 오직 개별적으로 기울일 수밖에 없는 것이다. 사물이 총체적으로, 즉 신으로서 다시 책임을 요구할 위험은 감소해 버린 것이다.

인간이 그렇다고 불안으로부터 안정을 되찾을 것인가? 결코 아니다. 인간은 근원으로부터 분리된 데 대한 책임을 알면서도 그 사실을 내면으로 억압한 채 표출하지 않지만, 그 근원은 우상의 모습으로 인간 앞에 나타나게 된다. 이 억압을 이제 엄청난 노력을 통해 끊임없이 완화하고 마력으로 다루어야 한다. 그러나 이러한 사실에 귀도 주지 않고 눈도 주지 않아야 하는데, 그것은 인간이 끊임없이 노력할 가치가 있는 것이다.

93*

심리학은 이제 그만!

심리적 과정의 법칙과 그 예기치 않은 돌변에 대해 심사숙고함이 인간에게 큰 도움이 되는가? 덧없는 세상에서 불변한 질서의 작용 외의 어떤 다른 것이 도움이 될 수 있겠는가? 불멸의 질서의 내면적·영적 과정이 불안과 수동적·공격적 방어에 의해 연속적으로 정해지는 것에 대해 인간이 안다고 타개의 실마리가 풀리겠는가? 그러한 깨달음은 결단의 동기가 되어 이제 덧없는 세상에 속하는 모든 심리적 과정에 아주 결별을 고하겠다고 한다면, 타개는 가능할 것이다.

심리학은 이제 그만! 바로 여기에 그 결심이 표현되어 있다. 왜냐하면 심리학적 과정에 몰두하는 모든 일은 일반적으로 덧없는 세상의 인간에게 더 나은 기회를 주려는 데에 목적을 두기 때문이다. 그래서 그 일은 주의력을 기울임에 있어서 무질서의 마력을 따르고 그로 인해 알려지지 않은 불멸의 질서의 작용을 저지하고 있다. 심리학은 믿음에 그 근간을 두고 있는데, 그것은 온전하지 못한 세상의 인간을 온전히 만들 수 있으리란 생각이다. 새로운 조건반사적 기술이든, 혹은 극복되지 못한 갈등을 연상, 꿈, 수면상태를 통해 의식화하든, 혹은 개인이나 인류의 과거로부터 묻혀 버린 개인적·집단적 영혼의 힘을 상징의미와 자기체험을 통해 활성화하든, 근원적 외침에서부터 개체화에 이르기까지 - 항상 이 믿음이 개입하여 최종적 치유, 혹은 적어도 지속적 개선이 덧없는 세상에서도 가능하리라는 생각을 하게 된다. 그러나 치유는 오직 근원적 질서가 인간 내면에서 드러날 때 가능하다. 어떤 기술이 있어도 여기서는 도움이 되지 못한다. 죽어야 할 운명인 영혼에 대하여 전문가가 미치는 어떤 영향도, 새 질서에 관여하지 않는 인간에 대한 어떤 신뢰도 도움이 되지 못한다. 아직 알려지지 않는 질서가 기술로써 만들어질 수도 없고 억지로 왜곡될 수도 없으며 속임수로 기만되거나 은밀한 방법으로 인식될 수도 없다. 예를 들어 꿈이 질서에 대해 무엇인가 전해 준다 할지라도 - 의식이 인식기관으로서 새 질서에 상응하지 않는 한, 새 질서를 경험할 수는 없으며 꿈의 해석조차도 해낼 수 없는 것이다. 이 인식기관을 외적인 방법으로 바꾸어 주어도 아무런 소용이 없다. 외적인 방법이란 기껏해야 옛 질서에 속하는 구조만을 만들어 낼 수 있을 뿐이다. 오로지 새 질서와 그 힘에 의해 인식기관이 변하는 것만이 의미가 있을 뿐이다. 왜냐하면 오직 이 경우에만 지각기관과 지각된 세계가 상응하기 때문이다.

이 비밀의 세계는 자신의 고유한 리듬을 가지고 있다. 자기 방어의 리듬과 자기 자신과 타인에 미치는 영향의 리듬을 무질서로 인식할 줄 알고 또 그렇게 인식하기를 결심하는 자만이 새 질서의 리듬을 경험하게 될 것이다. 그러므로 심리학은 이제 그만!

94

삶을 시작하는 데 필요한 두 가지 과제: 너의 범위를 조금씩 줄여라.

그리고 거듭 점검하면서 혹시라도 스스로를 자신의 범위 밖에 숨기지 나 않았는지 살펴보아라!

인간이 제정신을 차리고 있다는 것은 다른 존재 질서로부터 비롯된 힘을 의식적으로 받아들일 수 있기 위한 본질적인 전제이다. 왜냐하면 인간이 받아들일 수 있기 위한 조건은 그가 외부의 영향에 과다하게 노출되지 않는 것, 즉 자주적으로 제정신을 차리고 있어야 한다는 것이기 때문이다. 외적인 영향의 지배는 밖에서도 그리고 안에서도 올 수 있다. 밖에서라 함은 인간 스스로가 인간들이나 사물들과 일치감을 느끼면서 그들의 삶을 사는 경우나, 혹은 타인의 견해, 관습, 척도가 자신을 완전히 지배해 버릴 경우이다. 안에서라 함은 충동, 격정, 행위가 의식을 완전히 사로잡아 그 의식이 인간의 현존과는 관계없이 실망, 희망, 공포 그리고 망상과 꿈에서 비롯되는 경우이다. 외부의 영향에 과다하게 노출되면 될수록, 일상생활에 있어서 인간은 더욱 혼란스러워진다 - 새 생명력을 받아들여 사용하는 능력의 측면에서 본다면 얼마나 더 혼란스러운가! - 그러나 외부의 영향에 과다하게 노출되면 될수록, 인간의 활동공간은 좁아지고 그 안에서 스스로가 자기 자신이 되기가 어려워진다. 물론 외부의 영향에 과다하게 노출된다 할지라도 다음과 같은 활동공간은 생기는 법이다. 즉 인간은 능력이 아무리 위축되었다 할지라도 언제라도 자기의 눈으로 보고, 자신이 책임지는 삶을 시작할 수 있다. 인간이 그렇게 하기 시작할 때, 즉 자신의 범위를 스스로 조망할 수 있는 사건에만, 그리고 스스로를 책임질 수 있는 영역에만 제한할 때, 그에게 무엇보다 필요한 것은 최상의 진실이다. 인간이 모든 강요된 운명으로부터 점차 벗어나기 위하여, 그리고 내적 혹은 외적 관습의 겉치레 속으로, 즉 자신의 영역 밖으로 숨으려는 모든 유혹을 통찰하기 위하여 진실이 필요한 것이다. 이렇게 강요된 운명에서 벗어나서 오직 그 순간에 필요한 것만을 행하는 자는 자신의 삶이 얼마나 단순화되고 객관화될 수 있으며, 또 그렇게 함으로써 얼마나 스스로 안정을 찾을 수 있는지를 체험하게 될 것이다.

허나 이러한 출발은 비밀을 경험하기 위한 필요조건이 될 뿐, 충분조건은 아니다. 자신의 영역으로부터 나와서 행동하는 능력은 보통 자신의 경험에 대한 자부심, 그리고 자아실현의 본질이 강력한 자아의 형성이라는 신념과 결합되어 있다. 이 능력은 권위와의 마찰을 지향한다. 이러한 자부심과 권위와의 마찰조차도 참된 자아가 스스로를 펼치는 데 방해가 되는 강요된 운명으로서 인식될 때 비로소 비밀은 작용할 것이다. 진정한 자아, 즉 불멸 또한 삶에 눈을 뜨고 작용할 것이다.

어떻게 하면 그러한 삶의 출발이 이루어질 수 있는가? 비밀을 경험하기 위한 전제 조건이 될 수 있는가? 인간은 아마 이렇게 말할 것이다. '나는 오로지 내 자신을 되찾고자 한다. 그렇게 된다면 나 또한 내 존재의 비밀에 관심을 가지겠다.' 이렇게 자부심은 말할 것이다. 인간은 비밀의 자극에 스스로를 맡길 때 비로소 제 자신을 되찾게 된다. 그와 더불어 인간은 강요된 모든 운명에서 벗어날 수 있는 힘을, 그리고 그와 밀접한 고독을 견뎌 낼 수 있는 힘도 얻게 된다.

95*

악은 이따금 연장처럼 손에 잡혀 있다. 남이 알든 모르든, 의지만 있다면 두말없이 치울 수 있는 것이다.

"악은 인간을 유혹할 수는 있으나 인간이 될 수는 없다." 여기에 가능성이 있다. "의지만 있다면 두말없이 치울 수" 있는 가능성을 볼 수 있다. 말하자면 의지가 인간 내면의 불멸로부터, 즉 원래의 인간으로부터 비롯되고, 불멸, 즉 진정한 인간의 실현을 지향한다면, 인간은 제정신을 찾을 것이고 완전히 자기 자신이 되어 평온하고 단순하게 될 것이다. 그로 인해 악이 인간을 조종할 도구가 사라지게 된다. 악이 되기 위한 능력을 발휘해 보일 도구가 사라지게 된다. 조급하고 덧없음에 매여 있는 인간의 마음은 마치 혹이 떨어져 나가듯이 없어진다. 새로운 힘이 몸에 넘쳐흐를 때, 그리고 새싹이 돋아날 때, 마치 나무가 썩은 잎을 떨구어 버리듯이 없어진다. 불멸로부터 비롯된 의지는 불멸의 실현을 지향하면서 파괴 가능한 것과 파괴 불가능한 것 사이를, 즉 인간 내면에 뿌리박힌 악의 산물과 진정한 인간 사이를 나누어 분리하게 된다. 이렇게 인간으로부터 분리된 악은 무력화되어 치워질 수 있다. 마치 더 이상 필요치 않는 도구를 치워 버리듯이 말이다.

또한 그 결과는 악에 대한 모든 투쟁도 불멸로부터 새로운 어떤 의지가 작용하지 않는 한 소용이 없다는 것이다. 오로지 새 질서의 형성만이 무질서를 소멸시키고 제거할 수 있다.

96

이 삶의 기쁨은 삶의 것이 아니라 높은 삶으로의 상승에 대한 우리의 두려움이다. 이 삶의 고통 또한 삶의 것이 아니라 그 두려움으로 인한 우리의 자학이다.

왜 우리는 "높은 삶으로의 상승"에 대해 두려움을 가지는가? 상승이란 현재 우리의 삶을 해체하는 것, 즉 우리의 소망과 관념에 의해 결정되는 덧없는 삶의 질서를 해체하는 것을 의미할 것이다. 그럼에도 불구하고 이러한 해체는 끊임없이 우리의 의지를 거스르며 사물의 보다 높은 법칙을 통하여 행해지고 있다. 즉 질병도 죽음도 높은 질서의 척도에 따른 권리를 부여받지 못하는, 그로 인해 지속적으로 생존할 수 없는 질서의 해체이다. 높은 삶으로의 상승은 높은 질서에 대한 인정과 그 질서의 의식화를 의미할 것이다. 높은 질서의 의식화에 있어서 하위의 질서의 사멸은 단지 하나의 수반현상일 뿐, 특별히 중요한 것은 아니다. 그런데 높은 질서가 의식되지 않고 있는 경우에 하위 질서의 사멸은 하위질서에 결부된 의식의 최종적 종말을 의미한다.

높은 삶으로의 상승, 즉 높은 불멸의 질서에 의식적으로 관여함은 최고의 기쁨이자 축복이 될 것이다. 그러나 높은 삶으로의 상승에 대한 두려움 때문에 우리는 높은 삶을 거스르고, 하위의 삶의 해체를 거스르는 행동을 취하게 된다. 우리가 하위의 삶에 매달리기 때문에 우리 스스로가 하위의 삶을 만들어 내고, 높은 삶의 질서를 거슬러 일하기 때문에 우리는 스스로 고통을 만들어 내는 것이다. 그 고통은 두 가지이다. 첫 번째 고통은 높은 삶의 힘이 불변의 법칙 안에서 우리가 그 힘을 거스르며 내세우는 하위의 삶을 끊임없이 해체시키기 때문에 생기는 고통이다. 그것은 우리가 스스로 가하는 자학으로서 높은 법칙을 거스르는 무의미한 저항을 하는 가운데 생긴다. 두 번째 고통은 우리가 덧없는 세상에 집착함으로써 우리 원래의 운명에 폭력을 행사하기 때문에 생기는 고통이다. 우리 원래의 운명이란 높은 삶으로 상승하는 것이리라. 우리는 자기 자신에게 고통을 가하는데, 이 운명의 실현, 즉 최고의 기쁨과 축복의 실현을 방해함으로써 자학하는 것이다.

덧없는 하위의 삶은 그 외에도 지속적인 기쁨을 제공해 주지 못한다. 하위의 삶은 높은 질서를 거스르는 우리의 저항을 통하여 생성되고, 높은 질서가 그 삶을 해체시키는 것에 대한 우리의 저항을 통하여 유지된다. 우리가 기쁨으로 간주하는, 예컨대 자연·예술의 미에서 느끼는 기쁨, 성공·성과에서 느끼는 기쁨 그리고 사랑의 기쁨은 우리의 고통과 마찬가지로 두 가지이다. 첫 번째 기쁨은 우리가 해체를 거스르며 쟁취하는 모든 외관상의 승리에 대한 것으로서, 우리가 높은 질서에 대한 저항으로부터 자부심을 얻어 내기 때문이다. 그러나 실제로 그 승리는 패배의, 즉 해체의 유예, 고통의 유예일 뿐이다. 이렇게 높은 삶의 관점하에서는 덧없는 것은 기쁨을 정당화하지 못한다. 모든 덧없는 것과 그에 대한 집착은 참된 기쁨과 높은 삶의 축복을 가로막는 장애가 되기 때문이다. 덧없는 것에 대한 두 번째 기쁨은 예감에서 출발한다. 우리가 높은 삶의 참된 기쁨을 위한 우리 자신의 운명을 예감하는 것이다. 그러나 우리는 높은 삶으로의 상승에 대한 두려움을 갖고 있기 때문에, 기쁨에 대한 우리의 능력을 덧없는 사물에 쏟아 붓고 스스로를 속이며 그 사물이 우리 운명과 축복의 본질이라고 말한다. "세상으로 도피하지 않는다면, 어떻게 세상에 대해 기뻐할 수 있겠는가?"

97

> 오로지 여기에서만 괴로움이 괴로움이다. 이는 마치 여기서 괴로워하는 사람들이 다른 곳에서 그 고통 때문에 높이 받들어져야 한다는 뜻이 아니라, 이 세상에서 괴로움이라 불리는 것이 다른 세계에서 변함없지만 대립으로부터 해방되어 축복이란 뜻이다.

"이 세상에서 괴로움이라는 것"은 높은 삶의 법칙에 대한 우리의 저항이 낳은 결과이다. 이 저항은 덧없는 파괴 가능한 세상을 만들고, 불멸이 덧없는 세상을 해체하는 데 대한 저항은 괴로움을 만들어 낸다. 우리가 높은 법칙에 저항하는 한, 우리는 이 덧없는 세상에 속하고 또한 괴로움을 겪는다. 괴로움이 중단되기 위해서는 높은 삶에 대한 저항이 포기되어야 한다. 그때서야 결국 높은 법칙은 인간의 운명에 상응하는 삶으로서 경험된다. 높은 법칙을 의식적으로 수행하는 것은 다른 세계이고 축복이다.

높은 삶에 대한 저항 때문에 그 삶의 작용이 해체, 즉 괴로움으로 경험된다. 저항이 사라지면 해체, 즉 괴로움도 사라진다. 괴로움, 즉 해체는 그때서야 "대립"으로부터, 즉 해체에 대한 저항으로부터 해방되는 것이다. 이와 같이 높은 법칙의 수행은 지금까지는 해체로서 괴로움이었지만 인간의 창조적 협력을 통하여 인간 운명의 수행이 되어 버렸다. 즉 축복이 된 것이다.

괴로움은 그러나 공덕이 되지는 못한다. 괴로움을 겪고 있는 자가 다른 세계에서 그 때문에 격상될 수 있는 공덕은 아니다. 괴로움은 높은 세계의 법칙에 대한 저항에서 온 결과로서 스스로 만든 것이기 때문이다. 괴로움은 공덕이므로 어느 날 갑자기 누가 덜어 주고, 그래서 보답 받으리라 하는 희망은 약한 마음의 소산으로서 통찰을 불가능하게 만든다. 괴로움이 자신의 두려움과 저항의 결과이고 저항과 두려움이 사라질 때 비로소 사라진다는 사실, 그리고 괴로움이 없는 높은 삶으로의 상승은 높은 삶에 대한 저항이 지속되는 한 불가능하다는 사실을 깨닫지 못하게 한다. 괴로움이 공덕이라고 희망하는 마음은 이미 높은 삶에 대한 저항을 품고 있는 것이다.

98*

우주의 무한한 크기와 다양성에 관한 표상은 힘든 창조와 자율적인 자각이 극도로 뒤섞인 결과이다.

인간 삶의 실재에 관한 표상은 인간의 두 가지 능력, 즉 인간 내면에 작용하는 두 가지 근원적 힘을 경험한 결과이다. 자율적인 자각, 이것은 근원적 형식, 즉 실재의 높은 질서를 형성하는 이데아의 경험이다. 이 질서 내에서 인간의 자아, 즉 불멸은 함께 형성하는 요소이다. 힘든 창조, 이것은 저항의 경험으로서 물질과 물질에 매여 있는 인간이 이데아에 의한 형성에 반대하며 거스르는 것이다. 인간의 모든 형성 활동, 무엇보다 불멸의 자극으로부터 비롯되는 활동은 물질의 타성에서, 그리고 유연성과 능력의 부족에서 자신의 한계를 보게 된다. 자세히 말하자면 창조적인 이데아가 스스로 내재하고 있는 것에서 한계를 드러낸다. 그러므로 이 삶에서 행해지는 인간의 모든 창조는 제한된 것으로 그 창조에 근간이 되는 이데아에는 맞지 않는 것이다. 왜냐하면 물질은 형성에 저항하기 때문인데 - 물질은 자기 자신의 법칙성, 즉 물질 부분의 불투명성과 그 인과적 상호작용을 지키려고 한다.

자연의 모든 창조에서도 마찬가지이다. 에너지를 뿜으며 물질 내에서 작용하는 창조형식은 천체의 형식이든 피조물의 형식이든, 물질의 형체로 실현되는 한 유한의 영역에 속한다. 그리고 불완전하게 물질의 모습을 하고 나타날 뿐이다. 모든 창조가 힘든 이유는 창조가 질량과 밀도에 대항하여 스스로 이겨내야 하기 때문이다. 이데아에 대하여 물질이 거둔 약간의 승리는 항상 남아 있게 된다. 이데아가 물질을 아무리 확실하게 굴복시킨다 하더라도 마찬가지이다. 모든 형태는 유한하나 무한한 것은 바로 방식이다.

자율적인 자각이 있으면 인간은 이러한 방식에 대한 의식에 도달할 수 있다. 즉 창조적으로 작용하는 모든 방식이 인간 내면에 존재해야만 한다는 의식의 도래이다. 그렇지 않으면 인간은 그 방식을 의식하지 못하게 될 것이다. 인간의 자각이 눈에 나타나는 형태로부터 자유로우면 자유로울수록, 인간의 의식에 침투하는 창조적 방식은 끝없는 심연으로부터, 끝없는 충만에 다다르면서, 무궁무진하게 파멸되지 않고 힘을 잃지 않으면서 보다 아낌없이 제 모습을 나타내 보인다. 인간 스스로가 공간도 시간도 없는 모든 창조의 원천, 즉 형상화에 결부된 의식에 대한 비밀이다.

이 두 가지 경험, 혹은 능력에서 인간의 상황이 표현되고 있다. 즉 자신의 운명에 따라 보다 높은 삶, 즉 불멸에 속하고 이 불멸에 의해 끊임없이 실현하라 요구받고 있는 것이다 - 인간이 살고 있는 하위의 삶에, 그가 높은 삶에 저항하며 구축했던 자기 본래의 고향이 있는 것이 아니라, "보다 높은 삶으로의 상승에 대한 두려움"으로 인하여 높은 삶으로부터 비롯된 자극들을 실현하고자 그곳에서 노력하는 것이다. 이렇게 공간도 시간도 없는 모든 창조의 원천에 대한 경험은 창조된 모든 형상의 한정된 유형에 대한 지식과 결합한다. 그리고 그 결과로서 형성된 물질의 끝없는 공간과 우주의 끝없는 시간에 대한 표상이 생겨나게 된다. 영원한 순간은 사건의 끝없는 연속이 되고, 시간을 모르고 어디에서나 존재하는 방식은 넘쳐흘러 끊임없는 시간적·공간적 형성의 충만이 된다.

99

현재 우리가 처한 죄지은 상태에 대한 아주 냉엄한 확신보다도 더 심하게 짓누르는 것은 우리의 무상함을 언젠가는 영원히 정당화할 수 있으리라는 아주 미약한 확신이다. 이 두 번째 확신은 그 순수성에 있어서 첫 번째 확신을 포함하고 있는데, 바로 이 두 번째 확신을 참고 견디어 내는 힘만이 믿음의 척도이다.

무상함은 고통을 통해 하나의 인식에 이르게 됨으로써 정당화된다. 무상함은 스스로의 불합리함을 드러내 보이며 영원함이 승리의 개가를 올리게 만든다. 무상함으로부터 남는 것은 오로지 경험에서 뽑아낸 하나의 진액, 즉 무상함은 그 자체로부터 정당화될 수 없다는 인식뿐이다. 불멸만이 영원한 권리를 지니는 것이다. 이러한 인식은 영원하며, 불멸의 확증이고 계시이다. 그 인식 속에서 비로소 무상함은 해체되고 정당화된다. 아직 무상함 속에서 살고 무상함에 모든 것을 기대하는 자에게 이러한 확신은 참을 수 없는 것이다. 왜냐하면 이 확신은 모든 동기와 관념, 모든 소망과 욕망이 덧없는 것을 지향하며 그 자체로는 어떠한 권리도 없으며 영원함 속에서 소멸되어야 한다는 인식을 포함하기 때문이다. 이 확신은 무상함에 매여 있는 인간 삶의 파괴 가능한 토대를 파괴하며, 인간 존재의 파괴 가능한 뿌리를 뽑아 버린다. 이 확신을 참고 견딜 수 있는 자의 내면에는 영원성이 불멸에 대한 믿음의 형식으로 다시금 제 모습을 드러내 보일 것이다. 이러한 믿음이 인간으로 하여금 무상함 속에 박힌 존재의 뿌리가 점차 해체되어 가는 것을 받아들일 수 있게 만든다. 이러한 믿음이 바로 덧없는 모든 것은 영원 속에서 해체되어야 하고 그 스스로는 영속될 수 없으며, 영원에 의해서만이, 즉 영원에 귀의함으로써 정당화될 수 있다는 확신을 견디어 내는 데에 있어서의 힘이다.

이 확신은 현재 우리가 처한 죄지은 상태에 대한 확신을 포함하고 있다. 스스로에 의해 정당화될 수 없는 것은 죄지은 것임에 틀림이 없다. 불멸이 아닌 것은 불멸과 본질이 동일하지 않은 것이며 불멸로부터 제외된 것이다.

99*

많은 사람들은 엄청난 태초의 기만 이외에도 특별히 자기 자신을 위해

> 작은 특별한 기만이 이루어진다고, 그러니까 무대 위에서 연애극이 공연되면 여배우는 자기 애인을 위해 가식의 미소를 짓는 것 외에도 끄트머리 관람석의 특정한 관객을 위해 아주 음흉한 미소를 짓는다고 가정한다. 이것은 너무 지나친 가정이다.

극장 안에서 일어나는 사건은 두 가지 영역이 있다. 무대 위에서 벌어지는 연극의 영역과 극장 밖의 현실 세계에 상응하는 관객의 영역이 그것이다. 관객은 현실 세계에 속하는 자로서 무대 위의 연극이 환상이라는 사실을 잘 알고 있다. 그럼에도 환상은 관객을 매혹시키기에 충분하여, 관객은 환상을 현실로 간주하고 그저 쳐다만 보는 관객이 아니라 내심으로 열중하는 자가 된다.

그와 마찬가지로 인간에게도 두 가지 영역이 있다. 그 하나는 근원적 기만의 영역으로서, 거기에서는 인간 스스로가 역할을 맡고 있다. 인간은 덧없는 현상에 의해, 즉 여배우가 띠는 "가식의 미소"에 의하여 유혹을 받게 되고 덧없는 현상에 빠져드는데, 마치 무대 위에서 남자 애인이 여자 애인을 포옹하는 것과 같다. 또 다른 영역, 즉 진리의 영역에서는 인간이 현상계의 관객이 되고, 현상계가 진정한 실재로 자처하는 한, 인간은 그것을 "태초의 기만"으로 인식하게 되는 것이다.

불멸의 현존이 명료하게 인식되는 영역에서는 어떤 현혹도 어떤 기만도 가능하지 않다. 무대 위의 여배우가, 즉 현상계의 유혹이 불멸의 영역으로 침투할 수 있으리라 가정하는 자가 있다면 그것은 무리를 범하는 자일 것이다. 그러나 일단 진정한 인식의 영역에 도달하여 그 영역에 머물러 있는 자는 현혹되지 않는다. 비록 그가 "끄트머리 관람석에" 앉아 있다 할지라도, 아무리 하찮고 아무리 겸허한 "하늘의 시민"이라 할지라도 이는 마찬가지이다.

덧없음은 불멸의 영역에 다다를 수 없다. 엄청난 태초의 기만, 즉 현상들이 펼치는 연극의 환상을 의식하고 있는 관객에게 행해지는 특별한 기만은 더 이상 벌어질 수 없다.

100

악마적인 것에 대한 지식이 있을 수 있으나, 그에 대한 믿음은 있을 수 없다. 왜냐하면 현존하는 것 이상의 악마적인 것은 있을 수 없기 때문이다.

기만하고 속이고자 하는 것은 인간을 몰아붙여야 하고 스스로 등장하여 제 모습을 드러내 보여야 한다. 다른 방법으로는 인간을 유혹할 수 없다. 그러므로 현상계 속에 존재하지 않는 악마적인 것이란 있을 수 없다. 악마적인 것은 본원적 실재, 즉 진리일 수 없으며, 현상의 껍질 속에 있는 본원적 실재의 왜곡임에 틀림없다. 그러므로 악마적인 것은 다만 현상의 영역에서만 작용하며, 언제나 항상 "현존"한다. 왜냐하면 악마적인 것은 현상계에 의존하는, 감각적 인상, 동기, 관념의 의식을 대상으로 해야 하기 때문이다.

믿음은 중간상태, 즉 현상에 매여 있는 의식으로는 경험할 수 없으며, 지금 "현존"하는 것을 초월하는 실재에 대한 인간의 열린 마음 상태이다. 그러나 악마적인 것은 현상계를 초월하지 못하기 때문에, 우리는 악마적인 것에 믿음을 가질 수 없다. "태초의 기만"에 믿음을 가질 수는 없다 - 물론 삶이 불멸에 마음을 열면 바로 알 수는 있지만 말이다. 태초의 기만에 여전히 속고 있으며, 악마적인 것이 제 모습을 가리고 있는 현상계를 진실로 간주하는 자는 악마적인 것 그 자체를 믿는 것이 아니라 진실을 믿고 있다. 그런데 그는 당연히 잘못된 영역에서 이 진실을 찾고 있을 뿐이다.

101

죄는 항상 공공연하게 나타나고 감각에 의해 곧바로 파악될 수 있다.

죄는 뿌리로 걷고 뽑히지 않아도 좋다.

죄가 공공연하게 나타나고 감각에 의해 곧바로 파악될 수 있다는 경험은 현상계의 법칙과 힘에 지배받지 않는 삶, 의식의 질서가 지배하는 영향권 내에 이미 살고 있는 자에게만 허용되어 있다. 그가 아직 감각적으로 지각하는 대상의 영향권 안에 있는 한 - 이것은 관념에 매인 사고와 감정을 지닌 인간의 경우이다 - 그는 태초의 기만에 노출되고 안전거리와 자유를 찾으려고 헛된 수고만을 할 뿐이다. 왜냐하면 아무리 자의식을 가지고 일상적 의식의 표면 아래로 내려간다 하더라도, 마음의 심연으로부터 결국은 끊임없이 새로운 동기들이 자라나 온몸을 휘감기 때문이다. 그 동기들의 뿌리는 무의식의 어둠 속을 헤매고, 인간은 현상에 매인 의식을 지니며 그 무의식 아래에 완전히 내려올 수 없는 것이다.

근원적 삶의 질서의 영향권으로부터 자라나는 믿음이 생기는 한 양상은 달라진다. 감각에 결부되어 있는 모든 동기, 관념, 습관 그리고 오로지 감각에만 영향을 미치는 모든 형식들은 근원으로부터 유래되지 않고 근원으로부터의 분리, 즉 죄가 만들어지는 자의적 삶에 대한 충동에서 유래되는 합법칙성의 유출로서 이 믿음에 나타나게 된다. 믿음의 빛에 비치게 되면, 자의적 삶으로부터 비롯된 노력은 그 삶 자체와 함께 점차 힘을 잃고 쇠퇴되어 간다. 물론 그 노력의 뿌리가 통째로 뽑히거나 그 뿌리를 찾아야 하는 일은 없다. 왜냐하면 그 노력의 뿌리는 더 이상 숨겨져 있지 않고 밖으로 드러나 있으며 인식의 빛에 비치어, 즉 태초의 기만이 폭로되어 바싹 마르기 때문이다.

102

우리 주변의 모든 괴로움을 우리도 겪어야 한다. 우리 모두가 한 몸은 아니나 성장함은 한가지이고, 그것이 우리로 하여금 이런 형태이건 저런 형태이건 모든 고통을 거치게 한다. 어린아이가 모든 삶의 단계를 거쳐 늙음과 죽음에 이르기까지 발전하는 것처럼 (그리고 어떤 단계도 사실 욕구 때문이든 공포 때문이든 간에 그 이전의 단계에서는 도달하기 어려워 보이는 것처럼) 우리도 (우리 자신에 결합되어 있는 것 못지 않게 인류와 깊이 결합되어) 이 세계의 모든 괴로움을 거치며 발전한다. 이런 맥락에서 볼 때 정의를 위한 자리는 없다. 괴로움에 대한 두려움을 위한 자리나 괴로움을 공덕으로 해석할 자리도 없다.

인류는 어디로 성장해 가는가? 근원으로부터 비롯되므로 영원하고 불멸하는 모범을 향하여 성장한다. 아직 실현된 것은 아니나 모든 인간을 통하여 실현하기를 원한다. 모든 인간은 이 본래의 모범이 실현되려고 노력하는 하나의 시도이다. 물론 이 시도는 불충분한 시도이다. 왜 그러한가? 왜냐하면 인간이 모범의 실현에 거슬러 저항하기 때문이며, 실현의 과정을 왜곡하고 빗나가게 하여, 결국에는 본래의 모범이 아니라 일종의 캐리커처가 나타나기 때문이다. 왜곡하는 존재는 현상계에서 영속성을 지향하는 자의, 즉 근원적 질서와 일치를 이루며 본래의 모범에 자리 잡은 본래의 의지로부터의 분리이다.

본래의 의지가 자의로 인한 방해와 왜곡 없이 본래의 모범을 실현한다면, 고통 없는 성장은 가능하리라. 그러나 그렇지 못하기 때문에 죽음과 고통이 존재하는 것이다. 왜냐하면 본래의 모범과 본래의 의지는 불멸이고 순수하게 실현되어야만 하기 때문이다. 자신들과 일치를 이루지 못하는 형태나 의지의 지배를 받는다면, 근원의 법칙과 힘이 거짓된 형태를 부수어 버릴 것이다. 마치 어린아이가 모든 속박도 무릅쓰고 자기 자신의 본질을 발전시켜 나가는 것과 같다.

본래 의지의 왜곡은 훨씬 거칠거나, 아니면 오히려 훨씬 세련된 것이다. 가장 거친 단계는 인간이 소유와 권력을 원하는 단계이다. 세련된 단계는 인간이 교양이나 선행, 또는 사회적 조직을 통하여 본래의 모범을 실현하고자 노력하는 단계이다. 보다 더 세련된 시도의 단계는 예술이나 종교, 혹은 학문 등을 통해 본래의 모범을 실현시키고자 하는 것이다. 인간 각자가 그리고 인류가 이 왜곡의 과정을 두루 거쳐 나가지만, 원래 성장이 가지는 본질이 세련될 수는 없다. 보다 섬세한 단계가 추구되는 것이 그 본질일 수만은 없는 것이다. 왜냐하면 모든 단계는 결국 전체 의지를 왜곡시키는 것에 머물기 때문이다. 참된 성장의 본질은 인간이 각 단계마다 그 단계에 특별한 자의의 형식을 부수어 버리고 저버리는 것이다. 그럼으로써 결국 인간은 본래 의지가 지닌 의도에 대한 통찰에, 그리고 본래의 모범과 본래의 의지를 순수하게 실현시킬 준비된 상태에 도달하는 것이다. 바로 이것이 본래 의지가 왜곡되는 각 단계마다 생기는 고통의 의미이다. 이 단계에서 본래 모범이 실현되지 않는다는 통찰에 이르게 될 것이다. 그 결과로 다음 단계에서의 시도가 이루어지는데, 이 시도는 인간이 본래의 모범이 현상계의 어떤 단계에서도, 가장 세련된 단계에서조차도 실현될 수 없다는 것을 통찰하게 되는 성숙 단계가 달성될 때까지 계속된다.

인간 각자가 인간의 본래 모범에 관여하고 자신에 대하여 나는 원래 이 본래 모범의 본질에 속한다(그러나 본래 모범의 실현을 허용하지 않을 뿐이다)라고 말할 수 있는 한, 그는 현상계 속에서 이 본래 모범이 자신을 표명하는 데에 관계하게 되는데, 그 현상계는 항상 캐리커처이고, 이 때문에 교정되어야 한다. 불충분한 형식들을 굴복시키는 고통과 수천만의 죽음이 바로 그 교정이다. 인간

각자는 모든 단계를 거쳐야만 하고 각 단계에 상응하는 고통을 겪어야 한다. 특정 단계에 맞는 고통의 형식은 서로 다를 수 있지만, 각 단계의 고유한 고통의 양식은 누구나 겪고 넘어가야 한다. 이러한 점에서 운명은 모든 인간을 동등하게 취급하고, 이러한 측면에서는 정의가 있을 자리마저도 존재하지 않는다. 고통에 대한 공포 또한 부적합하다. 왜냐하면 고통, 그 모두가 필연적이고 의미있는 것이기 때문이다. 필연적인 이유는 고통이 잘못된 발전의 자연 법칙적 교정이기 때문이다. 의미가 있는 이유는 교정이 진정한 발전법칙에 대한 통찰에 이르도록 가능성을 제공하기 때문이다. 더 나아가 고통을 공덕으로 해석하는 것은 이러한 맥락에서 볼 때 자기기만이다. 고통은 교정으로서 인류발전의 거대한 경영과 개인의 작은 살림살이에서 필수 불가결한 것이다. 현상계에 매인 존재로서 인간은 매인 것의 해체를 참고 견뎌 내야 한다. 이것은 자연법칙이지 공덕은 아니다.

103

너는 세상의 고통을 멀리할 수 있다. 이는 네 재량에 달렸고 네 본성에 해당한다. 그러나 어쩌면 바로 이렇게 멀리하는 것이 네가 회피할 수 있는 유일한 고통일 것이다.

"세상의 고통을 멀리하는 것", 이것은 근원으로부터 인간이 벗어남으로써 생겼던 그리고 계속 생기고 있는 결과를 받아들이지 않는 것을 의미한다. 이것은 더 나아가 결과의 경험을 통하여 근원으로부터의 이탈과 인간의 생동적 본래 모범 자체가 어디에 존재하는지에 대한 통찰에 이를 기회를 박탈당하는 것을 의미한다. 이것은 또한 새로운 통찰을 토대로 하여 일탈과, 그와 더불어 장래의 고통까지 없애 버리고 본래의 모범을 실현시킬 수도 있을 태도를 기피하는 것을 의미한다. 결국 이것은 인간의 본래 운명을 그르치는 것을 의하며, 이것은 그 자체가 고통이다.

바로 이러한 과오가 태초에 있었다. 이는 자의적 태도를 가진 인간이 모든 고통에 대한 원인을 제기할 때 생긴 과오이다. 이 과오는 인간의 본성이 근원적 질서로부터 비롯되어 살아가지 않는 한, 인간의 본성에 상응하는 것이다. 따라서 이 세상의 고통을 피하고자 하는 것은 인간의 본래적 과오와 같은 의미를 가진다. 이는 인간의 본능에 상응하는 것으로, 자의의 길, 즉 근원에 뿌리를 박고 있지 않은 의지의 길을 가고 근원의 질서를 인정하지 않는 것이다.

인간에게는 과거에 야기된 고통을 모면할 자유가 없다. 그러나 그에 동의함으로써 그 운명에 부응할 수 있는 자유는 있다. 실제로 고통이 모면될 수도 있는데, 그 이유는 인간이 고통 생성에 대한 자유를 갖고 있기 때문이다. 모면될 수 있는 유일한 고통은 인간이 스스로 끊임없이 만들어 내는 고통으로서, 이 고통의 생성은 인간이 운명의 법칙에 동의하고 자신의 진정한 운명에 대한 통찰에 이르러야 한다는 필연성을 계속 인정하지 않을 때 이루어지는 것이다.

105

이 세상이 유혹하는 수단 그리고 이 세상이 통과지점에 불과하다는 것에 대해 보증하는 표시는 동일하다. 옳은 말이다. 왜냐하면 이 세상은 그렇게 해서만이 우리를 유혹할 수 있기 때문이고, 그 또한 진리에 상응하기 때문이다. 그러나 최악의 경우는 유혹이 성공한 후 우리가 그 보증을 잊어버리게 되어, 실제로는 선이 우리를 악으로, 즉 여인의 눈길이 그녀의 침대로 유혹하는 것이다.

세상의 광채는 반사광이다 - 세상의 덧없는 미와 형태는 기껏해야 불멸의 미와 형태가 반사된 것에 불과하다.

존재와 생성의 근원적 법칙은 불멸의 미와 형태를 창조해 낼 수도 있으련만, 피조물의 자의에 의해 그 효력을 잃게 되었다. 모든 피조물은 그 형태를 근거로 판단할 때 자의와 근원적 법칙이 동시에 작용한 결과이다. 그로 인하여 이 근원의 법칙은 마치 요괴 거울에 비치듯이 현상계의 거울에 비치어 나타난다. 물론 이 현상이 아직은 근원의 상징일 수도 있다. 근원은 그 모양이 일그러짐으로써 희미하게 나타나는 것이다. 예를 들어 다섯 겹으로 혹은 일곱 겹으로 되어 있는 꽃받침은 덧없는 물질과 덧없는 형태에 각인되어 있는 근원적 합법칙성에 일치한다.

세상의 광채는 우리가 세상을 사랑하도록 유혹한다. 그것이 반사광에 불과하다는 사실이 명백하다면, 우리의 진정한 운명은 이 세상에 존재하는 것이 아니라, 영원한 광채가 비쳐 오는 그곳에 존재한다는 사실을 알게 될 것이다. 그러나 우리는 세상의 광채가 우리를 유혹하여 우리가 모든 것을 세상에 기대하고 세상과 결탁하도록 내버려 둔다. 이로 인해 우리는 세상이 불멸에 대한 암시에 불과하다는 것을 망각하게 된다. 상징을 상징되는 대상 그 자체로 간주해 버림으로써, 우리는 우리의 운명을 그르치게 된다.

여인의 눈길이 우리를 그녀의 침대로 유혹한다 - 그 표시가 오히려 우리에게 영원한 사랑의 표현이 될 수도, 우리 스스로가 근원의 사랑 속에서 불타 버릴 수도 있지만, 우리를 육체의 세계에 묶어 버리는 것이다.

106

> 겸손은 누구에게나, 외롭게 절망하는 자라 할지라도 더불어 사는 자와의 가장 강한 관계를 갖게 한다. 그것도 즉시 이루어지는데, 물론 완전하고 지속적인 겸손이 있을 때만 가능하다. 그 이유는 겸손이 진정한 기도의 언어이며 동시에 경배이고 굳건한 결합이기 때문이다. 더불어 사는 자와의 관계는 기도의 관계이고, 자기 자신과의 관계는 노력의 관계이다. 노력을 위한 힘을 기도로부터 얻어 내게 된다.

인간이 빛과 색채를 자신의 눈으로 받아들이며 자신의 소망이나 관념이 눈으로 하여금 특정 지각을 강요하지 않는다면 - 인간이 눈이라는 기관이 말썽꾸러기가 아니라는 사실을 믿고서 이 눈이라는 기관으로 하여금 순수한 작용을 하도록 만들면, 그 인간은 빛과 색채에 대해 겸손하게 된다. 인간은 현실과 지각기관 사이에 아는 체 하면서 끼어 들지 않고, 첨가하지 않고 받아들였던 자신의 조직을 감사한 마음으로 인정하고 감사한 마음으로 받아들인다.

자신의 느낌과 사고의 기관들이 희망과 공포에 따라서만 느끼고 인식하도록 자신의 느낌과 사고의 기관들을 특정한 모형으로 만들어 내지 않고, 자연이 그 기관들을 만든 대로 또는 만들려고 노력한 대로 그 기관들이 작용하도록 만드는 인간은, 즉 느낌과 사고의 능력을 자신의 덕이라고 생각하지 않는 인간은 느낌과 사고의 세계에 대하여, 즉 이웃에 대하여 겸손하게 된다. 그는 외롭지 않을 것이다. 왜냐하면 그가 자신의 의도와 미리 이루어진 지각을 통해 이웃과 단절하는 일은 없을 것이고, 이웃에게서 자신만을 비추어 보지는 않기 때문이다. 이웃과 세상의 모든 풍요를 자신의 내면에 수용할 수 있기 때문이다. 세상과 이웃을 향한 문은 활짝 열려 있다. 오히려 절망과 고독은 경계선을 긋는 교만으로부터 나오는 것이 아닐까? "나에 맞는 인간을 찾을 수 없다"라든지, 혹은 "이런 인간과는 어떤 관계도 맺고 싶지 않다"와 같은 말이 그것이다. 아니면 절망과 고독은 경계선을 긋는 두려움으로부터 오는 것은 아닐까? "나하고는 아무도 관계를 맺고자 하지 않으리라"하고 말하는 것이 그것이다.

기도의 언어는 이웃과 세상에 대한 완전한 수용이다. 왜냐하면 기도의 언어는 모든 자의를 포기함으로써 더 이상 자신의 공덕에 대한 주장도, 요구도, 편견도 아니기 때문이다. 기도의 언어에는 혹독함이란 없으며 오로지 모습을 드러내 보이는 풍요에 대한 감사만이, 그리고 모든 실재가 인간에게 자신을 바친다는 사실에 대한 기쁨만이 있을 뿐이다. 그것은 바로 경배인 동시에 굳건한 결합이다. 비밀을, 즉 세상의 참된 질서를 경험하기 위한 전제조건이 되는 상태이다.

인간이 이렇게 창조자와 창조를 위하여 자신의 본질을 열어 보이기 시작하면, 자신의 수용력은 아직도 너무나 흐려 있고, 느낌, 사고, 의지의 기관이 아직도 너무나 부진함을 경험하게 된다. 이러한 경험 속에서 수용력을 넓히려는 노력이, 그리고 경계선을 긋는 오만으로부터 자유로워지려는 노력이 싹튼다. 창조자와 창조를 위하여 조건 없이 자신의 본질을 개방하는 것, 즉 풍요에 대한 감사에서 힘이 생성된다. 풍요에 보다 헌신하고 대답할 힘, 즉 수용력이 성장할 수 있는 힘이다.

106*

너는 기만 외에 달리 아는 게 있는가? 일단 기만이 파괴되고 나면 너는 바라볼 수도 없게 되거나 소금 기둥이 될 것이다.

인간의 의식은 기만에 매여 있다. 즉 시공에 나타나는 것이 진리라는 환상에 매여 있다. 그리고 그 의식 자체가 기만의 일부이다. 이러한 의식으로 인간은 기만 외 다른 어떤 것도 알 수가 없다. 이것이 보통의 상태, 즉 당연한 무지의 상태로서 그 상태에서는 현상계, 즉 기만 외에는 어떠한 것도 인간에게 주어지지 않는다.

이러한 보통의 상태에 비밀이 갑자기 들이닥칠 것이다. 비밀은 진리로서 기만을 파괴한다. 기만에 매인 의식이 이 과정을 지켜만 보면서 비밀을 향해 자기 자신을 열어 놓지 않고 계속해서 기만을 향한 채 변함이 없다면, 그 의식은 두려움에 마비되어 버린다. 그것은 번개처럼 비밀이 빛깔 없는 현상계를 비추었기 때문이다. 천상의 불처럼 현상계를 태워 버리고 이 세계와 의식을 있는 그대로 보여 주었기 때문이다. 스스로는 아무런 삶의 권한도 찾지 못하는 덧없는 세상, 덧없는 의식을 보여 주었기 때문이다. 인간은 경직되어 살지도 죽지도 못하는 상태가 된다. 무지가 가진 당연한 순진무구한 상태를 빼앗긴 것이다. 그 무지의 상태에서만이 인간은 계속해서 기만의 세상을 살며 그 삶의 의미를 찾을 수 있을 것이다. 인간의 의식은 계속해서 기만의 나라를 향한 채 변함이 없고 자기 자신을 비밀에 열어 보이지도 않기 때문에, 죽지도 못하는 것이다. 다시 말해서 비밀에 의해 소멸될 수 없어 새로운 삶의 가능성과 새로운 의식이 생겨날 기회도 잃는 것이다.

기만이 파괴되면 덧없는 의식은 "바라보아서는" 안 되고, 계속해서 기만을 향한 상태를 지속해서도 안 된다. 그러면 덧없는 의식이 기만이 아닌 것, 기만을 파괴하는 것, 즉 진리를 어떻게 알아볼 수 있을까? 덧없는 의식이 기만의 파괴를 바라봐서는 안 된다면, 도대체 덧없는 의식은 어디를 바라봐야 한다 말인가?

가능성은 덧없는 의식이 자발적으로 비밀을 향하여 자신을 열어 보이는 것뿐이다. 그렇게 함으로써 덧없는 의식은 비록 기만의 의식으로서는 파괴되나 진리를 인식할 수 있는 새로운 의식으로 대체된다.

기만의 의식은 기만을 파괴하는 비밀의 출현 이후에도 결국 진리를 인식할 수 없다. 기만의 의식은 마비되거나 변화와 인식의 능력을 잃게 된다. 아니면 소멸되어서 새로운 의식, 즉 진리를 인식하는 새로운 인간이 된다.

롯 Lot, 그의 아내 그리고 딸들은 비밀의 출현에 대한 두 가지 행동양식을 상징하고 있다. 비밀이 그들의 삶에 갑자기 출현하여 기존에 생각하고 느끼는 삶의 토대를 파괴해 버리는 순간에 그들이 기만의 장소, 즉 소돔과 고모라로부터 벗어나게 된다. 롯과 그의 딸들은 진실에 대해 지속적으로 자신을 개방하고 옛 의식과 기만을 극복하는 데 반해, 롯의 아내는 다시 한 번 기만의 장소로 향함으로써 소금 기둥이 되어 버린다. 즉 새로운 삶의 토대를 찾지 못하고 기만의 전체적 파멸 속에서 굳어 버린다.

107

모두가 A에게 매우 친절하다. 그것은 마치 근사한 당구대를 훌륭한 선수에게조차 내주지 않고 조심스레 보관하는 것과 같다. 마침내 위대한 선수가 와서 당구대를 정확하게 살펴보고 이미 나 버린 흠집을 용납하지 않지만, 정작 그가 직접 치기 시작하면 여지없이 광분하게 된다.

본격적인 싸움이 아직 남아 있다. 비밀의 도구인 운명의 순간적 작용방식은 일시적일 뿐이다. 운명은 배려하는 방식을 취하는 것처럼 보이며 인간의 표면만을 움직일 뿐 피부 안쪽으로 밀고 들어오지는 않는다. 당연히 여기서 진정한 배려의 마음이 있다고 볼 수는 없다. 인간이 큰 도전을 이겨낼 만큼 성숙되지 않는 한, 오직 유예만 있을 뿐이다. 언젠가 인간의 핵심이 공격을 받으면, 그때 비로소 결사적인 싸움이 시작된다.

비밀에 접해 본 인간은 자신이 기만 속 깊은 곳에서 비밀의 질서와 일치를 이루지 못하며 살고 있음을 알게 된다. 언젠가는 기만이 파괴되고 그와 더불어 인간의 본질적 핵심도 기만에 속해 있는 한 파괴되리라는 것을 알게 된다. 모든 동기와 잘못된 습관들이 비롯되는 조급함, 태만함, 실존에 대한 두려움이 파괴되리라는 것을 알게 된다. 그는 본질의 핵심이 비밀에 접하면 소멸에 저항하고 방어 진지와 시설이라는 진정한 예술작품을 구축하리라는 것을 알게 된다.

일시적으로 운명이 인간을 관대하게 다루고 있는 것이다. "모두가 A에게 매우 친절하다." 그러나 언젠가는 요새가 헐리고 운명이 자신이 갖고 있는 모든 공격 기술들을 사용하리라는 것은 확실하다. 이 또한 방어구축에도 마찬가지이다. 새로운 질서가 새로운 실재로부터 생겨날 수 있기 전에 기만의 존재핵심은 뼛속까지 타격 당하여 소멸되어야 할 것이다. 위대한 당구선수는 비밀의 효력을 막는 인간의 모든 책략과 술수를 추적하여 그 가면을 벗기고 파괴하는 실재이며, 비밀의 효력이 "당구대를 정확히 살펴보고" 결코 때 이르지 않게 성숙의 정확한 시간에 인간의 삶 속에 갑자기 출현하는 실재이다.

새로운 경험을 위한 길이 열린다는 것을 아는 상태에서 이러한 일이 인간 의 의식적인 동의와 더불어 이루어진다면, 기만의 파괴는 고통이 아니라 해방으로 느껴지게 된다. 옛 본질의 파괴는 결국 비밀의 경험을 위한 반가운 전제조건이 된다.

108

"그리고 나서 그는 아무 일도 없었다는 듯이 일하러 돌아가 버렸다." 이것은 수많은 옛날 이야기들로부터 우리가 잘 알고 있는 말이다. 비록 그 말이 어떤 이야기에서도 나오지 않지만 말이다.

비밀에 처음으로 접한 후, 인간 내면에는 수많은 통찰이 깨어나게 되었다. 인간은 이 통찰에 맞게 제대로 행동하려고 시도에 시도를 거듭했다. 종종 자신의 노력이 실패였음에도 다시 새로운 희망으로 옮겨 갔고, 종종 밝게 빛나는 새로운 별들을 보며 기뻐하면서도 "혐오와 증오로 가득한 머리"를 가슴에 깊이 떨구기도 했다. 인간이 이렇게 오랫동안 비밀의 부름에 답해야 했다면, '아무 일도 일어나지 않았다. 모든 것이 옛날 그대로이다.'라는 느낌이 갑자기 들 수도 있을 것이다. 도대체 자신의 삶에 진리가 한 번이라도 돌발적으로 출현해 본 적이 있었는가 하고 질문할 정도로 다른 실재에 대한 예감이 갑자기 사라졌다. 압도하는 경험들 중에 어떤 것도 남아 있지 않다. 불안을 조성하는 충동과 희망을 주는 상황에 대한 희미한 기억만이 남아 있다. 일상적 삶의 질서가 다시 제 권리를 찾은 것처럼 보이고, 그 질서가 인간의 지평선을 가득 채우며 다른 실재의 모든 경험에 이의를 제기한다. 인간은 자기의 희미한 기억이 현실과 관련되는지, 또는 오히려 꿈과 소망에 대한 기억인지 확신조차 못 하고 있는 실정이다.

그러나 그러한 상태는 비밀의 전개 때문에라도 필연적이다. 왜냐하면 의식적으로 비밀의 영향에 답하려는 노력은 비록 불가피하고 없어서는 안 될 것이지만, 한계에 이르게 되어 거기서부터는 노력이 비밀의 작용에 오히려 방해가 되기 때문이다. 논밭은 갈려져 있고 씨는 뿌려져 있다. 이제 조용한 성장의 시기가 따라야 한다. 이 성장을 의도적으로 촉진시키려는 시도는 무엇이든 방해가 될 것이다.

109

> "우리에게 믿음이 없다고 말할 수는 없다. 우리의 삶이란 단순한 사실 하나만으로도 믿을 가치가 무궁무진하다고 볼 수 있다." "여기에 일말의 믿음의 가치가 있지 않을까? 살지 않을 수는 없다." "바로 이 '않을 수는 없지 않는가'에 믿음의 엄청난 힘이 숨겨져 있다. 이러한 부정 속에서 그 엄청난 힘이 형태를 얻는다."

살지 않을 수는 없다. 어떤 형태로든 인간은 항상 살고 있다. 우리의 현재적 삶은 단지 불멸하는 삶의 외형일 뿐이다. 인간이 이 외형을 파괴한다면, 그는 삶의 다른 형식으로 옮겨가는 것이 되리라. 인간이 죽으면, 다른 형식 속에서 계속 살게 되는 것이다. 불멸은 영생하며, 덧없는 현상들의 영역에서 나타나는 한 파괴 가능한 다른 외형들을 취하게 된다. 이러한 것은 자동적 현상, 즉 자연 역학적 법칙인 것처럼 보인다. 도대체 믿음의 가치가 어디 있단 말인가? 믿음의 가치는 하나의 목표가 긍정되고, 추구되고, 사랑 받는 곳에서만 존재한다.

그러나 불멸의 삶이 그 자체 믿음이다. 그 삶이 바로 긍정인 것이다. 불멸은 긍정, 즉 자기 자신의 긍정이다. 자살하는 이가 자신의 삶을 부정할 경우에도,

다만 참을 수 없게 되어 버린 특정한 외형만을 부정하는 것이다. 이러한 부정의 이면에는 불멸의 긍정이 작용하는데, 불멸과 비교해 보면 특정 외형은 참을 수 없어 보인다. 이러한 사실은 바로 "살지 않을 수는 없다"라는 표현 속에서 분명해진다. 갑작스러우며 숙고되지 않고, 자명한 이 말, 즉 "할 수는 없다"라는 말에서 불멸의 무죄는 자신을 표현하고 형태를 가지게 된다. "믿음의 엄청난 힘"은 긍정의 힘, 즉 항상 새로운 외형 속에서 모습을 나타내는 불멸의 힘이다. 불멸의 힘은 덧없는 것에 매달리는 의식에 있어서는 엄청나다. 이 의식은 어째서 삶이 외형의 끊임없는 파괴에도 불구하고 긍정을 지속하며, 끊임없이 새로운 외형을 만들어 내는지에 대해 경탄한다.

단조로운 삶의 시기에, 즉 비밀에 의한 동요가 전혀 없는 시기에 인간은 자신에게 "믿음"이 없다고 생각하게 될 것이다. 인간이 비밀의 힘에 접했다고 느낀 동안에, 자신이 이 힘들이 기울이는 노력의 대상이고, 자신이 그 힘들과 일치를 이루고 있으며, 이 힘들이 자신의 내면에서 작용할 수 있도록 자신을 개방하고 있다는 느낌을 가졌다 - 이러한 일치감을 인간은 믿음이라고 불렀다. 이제 인간은 폭풍우가 몰아치는 바다로부터 육지에 내던져진 것처럼 의식을 잃고 자기 주변을 둘러보며 - 이곳이 지금까지 항시 살아온 바로 그 땅이라는 것을 인식하게 된다.

그러나 점차 정신을 가다듬으며 - 새로운 확신이 그의 내면에서 싹트게 된다. 그가 오직 있는 그대로의 삶, 즉 환상으로부터 해방된 삶을 가지지만, 이것만은 확실히 가지고 있다. 이 삶이 비록 일정한 외형 속에 존재할지라도 이 삶을 실현하지 않는다는 것은 불가능하다. 인간은 이러한 외형 속에서 고통과 기쁨을 체험하며, 삶에 참여하게 된다. 자신이 이러한 특별한 삶을 사는 가운데 불멸과의 일치를, 그리고 긍정의 "엄청난 힘"과의 일치를 이루고 있다는 사실을 알게 된다. 이것이 바로 믿음의 새로운 형태이다 - 믿음은 비밀이 그 위에서 새로이 작용하게 되는 교량이다. 의미가 미리 주어져 있다. 어느 날 갑자기 비밀이 드러나고, 인간은 그것을 경험하게 된다 - 비밀이 지속적으로 "엄청난 힘"을 가지고 긍정될 경우에만 말이다.

109*

> 굳이 집 밖으로 나갈 필요는 없다. 네 책상에 머물러 귀를 기울여라. 귀 기울일 것도 없이 그저 기다려라. 기다릴 것도 없이 혼자 조용히 있어라. 세상은 자청하여 네게 제 본색을 드러내 보일 것이다. 별도리 없는 것이다. 세상은 황홀해 하며 앞에서 몸을 뒤틀 것이다.

세상의 수수께끼 주위를 맴돌다가 인식의 소망으로, 그리고 사고의 방법과 연구의 도구를 가지고 그 수수께끼를 몰아붙이는 사람을 사물의 본질은 회피한다. 마치 구혼자가 약점 때문에 갈망하지 자신감 때문에 갈망하지 않음을 감지하는 여자처럼 말이다. 항상 새로운 활동을 착수하며 진리에 대한 관념의 그물을 던져 세상잡기를 희망하는 자는 속박이 채워지는 여자처럼 사물들이 저항한다는 사실을 알게 될 것이다. 세상의 관심을 끌기 위해 교활하게 세상으로부터 등을 돌리는 자는 자신의 장난을 꿰뚫어 보고 홀로 외로워질 것이다. 모든 고의적 행위, 즉 세상으로 나아가서, 세상에 귀를 기울이고 세상을 기다리는 행위는 세상에 대한 수용력을 해친다. 그러나 현상의 소용돌이 속에서 자신도 함께 회오리치게 마드는 원인인 모든 혼란들과 결별하는 자는 고요한 태풍의 눈으로 점차 침잠할 것이다. 스스로 고요해지고 스스로 눈이 되어, 그는 진정으로 보게 될 것이다. 세상의 눈이 그를 통하여 보게 될 것이다. 덧없는 형식 자체가 소용돌이처럼 지나가는 것을 보게 될 것이다. 모든 사물에게 실존을 부여하는 비밀은 그에게 자신을 나타낼 것이다. 비밀은 그에게 기쁘게 자신을 나타내 보일 것이다. 사랑하는 여인처럼 황홀경에 빠져 사랑하는 대상 앞에서 몸을 뒤틀 것이다. 왜냐하면 그가 자유로워졌기 때문이다. 즉 스스로 비밀이 되었기 때문이다.

여기서 그가 비밀을 얻으려했던 투쟁의 길은 끝이 난다. 그곳은 시작한 지점, 즉 그를 길로 내몰았던 바로 불멸의 지점이고, 자신의 집이며 자신의 식탁이다. 그러나 그 길이 헛된 것은 아니었다. 이제 경험이 되어 버렸기 때문이다. 예전에는 예감에 불과했던 것이 경험이 되었다. 이제 많은 노력과 실망을 통하여 행위없이 혼자 조용히 있는 능력을 얻었다. 소용돌이치는 현상의 주변여행으로부터 돌아온 그는 이제 조용히 중심으로 들어섰는데, 그 중심은 근원의 힘이 모여드는 모든 사물의 시작이며 끝인 것이다.

역자 후기

프란츠 카프카는 독일 현대 작가 중에서 가장 난해한 작가 중의 한 명이다.

그의 문학세계는 경험적이고 일상적인 사고로는 도저히 이해할 수 없는 특유의 형상세계를 이루고 있다. 그의 작품을 이루고 있는 암호적이고 수수께끼 같은 언어적 비유, 현실과 환상의 불분명한 의식, 부조리한 실존적 삶과 현대인간의 까닭 없는 불안, 소외 등은 우리의 의식세계에 혼란과 당혹감을 준다.

카프카가 생전에 고독, 결핵, 콤플렉스에 시달리다가 후두결핵으로 세상을 떠났듯이, 그의 작품 속의 주인공들도 고독과 소외의 한계 상황에 다다랐을 때, 변신, 체포, 추방, 죽음과 같은 무서운 운명을 맞이하게 된다.

카프카는 문학과 삶의 패러독스를 통해서 현대인의 정신세계에 무한한 상상력을 주는 동시에 실존적 불안, 카프카적 고뇌를 안겨 준 고독한 현대인의 상징이 되고 있다.

여기에 번역된 책 『카프카의 비밀』은 카프카의 아포리즘 모음집인데, 죄, 고통, 희망 그리고 진실한 길에 관한 카프카의 성찰에 대한 디츠펠빙어의 해설을 담고 있다.

카프카의 문학과 삶이 그러하듯이 이 아포리즘도 카프카적이다. 사실 카프카에게 있어서 어느 것이 문학작품이며, 어느 것이 아포리즘인지 분간하기 어렵다.

예를 들어 그의 단편 중에서 『이웃마을』, 『법 앞에서』, 『어떤 꿈』, 『포기하시오』 등의 소품들은 문학작품이면서 동시에 아포리즘적 성격을 가지고 있다. 이와는 반대로 그의 아포리즘 중에서 까마귀들의 이야기인 32번, 길에 대한 이야기인 39b번, 길과 목표에 대한 이야기인 26번 등과 같은 것은 간결한 비유적 표현 면에서 짧은 단편, 소품들과 다를 바 없다. 일반적으로 우리는 아포리즘을 해석할 필요성을 별로 느끼지 않는다. 그러나 이 아포리즘 모음집의 표제인 '죄, 고통, 희망 그리고 진실한 길에 관한 성찰'이 말해 주듯이, 이 아포리즘은 그의 문학, 삶과 더불어 진실한 길을 찾는 또 하나의 고행이라 하겠다.

우리의 일상 속에서, 우리가 걸어가고 살아가고 있는 길은 카프카가 찾는 길이 아니다. 우리가 믿고 있는 이 세상의 길은 카프카에게는 하나의 가상에 불과하며, 참되고 진실한 길은 그가 평생 그의 삶과 문학 속에서 추구했던 비밀의 길이다. 아포리즘도 같은 성격을 띤다. 그의 생애와 문학과 더불어 이 아포리즘이 그가 추구했던 비밀의 열쇠라 할 수 있는 진실한 길을 찾는 데 도움이 되리라 생각한다.

이 아포리즘 모음집의 내용적 구성은 이 책의 서문에서 언급되었듯이 세 가지 유형으로 압축할 수 있다. 그 첫 번째가 우리의 일상적 경험에서 나온 사건을 형상화한 것으로, 우리의 정신력을 강화하기 위한 암시적 형상이라 하겠다. 두 번째 유형은 첫 번째 경우와 반대로 우리의 경험에 어긋난 표현이다. "새장이 새를 찾으러 갔다"와 같은 우리 경험의 일상적 인과율을 뒤집은 아포리즘이다. 이러한 경험에서는 옛 가치척도가 더 이상 유효하지 않으며, 인간은 자신의 일상적 사고체계에서 벗어나서 불안정해진다. 그러나 비밀의 장막이 걷히고 그 비밀을 향하여 인간이 스스로를 열어 보일 정신력이 마련된다. 세 번째 경우는 철학적 유형이다. "세 가지 사물이 있는데" 또는 "두 가지 죄악에서"와 같이 유대교적, 전통적인 탈무드와 성서와 관련된 표현이다. 특히 선과 악, 원죄, 천국 등에 관한 생각은 구약성서와 관련된다. 아포리즘 원문보다 그것을 해석한 내용이 난삽하고 표현이 어려워서 걱정스럽다. 저자인 디츠펠빙어의 문체가 길고 어려운 탓이지만, 어쨌든 카프카에 관한 모든 글은 난해하다는 느낌을 새삼 가지게 된다. 이 번역서가 출판되기까지 많은 시간이 걸렸다. 어려움 끝에 햇빛을 보게 되어 다행이다. 한국어 번역출판을 허락한 저자 디츠펠빙어 박사에게 감사한다. 특히 독자가 한정된 책을 출판하여준 경북대학교 출판부에 감사한다.

2007년

신매 욱수골 서재에서 역자